熊本県立大学ブックレット 3

熊本地震と震災復興

※本研究の実施及び出版に当たっては、文部科学省「地(知)の拠点整備事業(大学COC事業)」の採択を受けて熊本県立大学が実施する「地域志向教育研究事業」による支援を受けています。

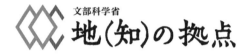

特別寄稿

熊本地震と創造的復興

公立大学法人熊本県立大学　理事長　五百旗頭（いおきべ）　真（まこと）

　21年前、私は兵庫県西宮市の自宅で阪神淡路大震災を経験しました。午前5時46分、いきなり地震の衝撃で目を覚ましました。我が家に飛行機が墜落したのではないか？山津波に流されているのではないか？そう思ったのは一瞬で、次の瞬間すさまじい揺れがやってきました。実際は20秒の揺れだったのですが、2～3分も痛めつけられたような気分でした。

　その後、我が家は全壊と診断されました。そんなとき、若い頃に13年間勤めていたときに親しくなった方から「良い機会だから里帰りしてください」と連絡をいただきました。その言葉にホロリときて、妻と娘たちを広島に送りました。1カ月ほど経って広島に行ってみると、「疎開」生活はつらいとの常識に反して、わが家族は幸せそうでした。翌朝、近所の女の子たちが末娘を迎えに来ました。小学1年生として赤いランドセルをいただき、近所のお姉ちゃんたちと一緒にはずむように小学校に向かう娘の後ろ姿を見て、思わず涙しました。神戸はひとりぽっちではなかった、広島の人が、全国の人が支えてくれているんだという思いをそのとき実感しました。

　元々の私の専門は外交や安全保障です。しかし、阪神淡路大震災をきっかけに「防災・減災」が第二の専門となりました。私は神戸の震災と復興を世界中に、そして後世に記録を残すオーラル・ヒストリーの責任者となり、県知事や市長、警察や自衛隊のトップにインタビューしました。震災が起きたときにどう動いたのか、何を考えたのかをお聞きし、それが今大きな記録として残っています。

　その後、防衛大学校の校長に就任しました。就任してから5年後、東日本大震災が発生しました。阪神淡路大震災復興の経験ゆえか、復興構想会議の議長に任命されました。会議では、次の津波に備えてより安心安全

なまちを作ることがテーマになり、そこで決まったのが高台移転と多重防御を組み合わせたまちづくりです。津波から安全になるには「逃げる」しかありません。高台移転とは、家ごと、つまり生活形態ごと海から離れた高台に逃げることです。多重防御とは、まちに防波堤、防潮堤、二線堤といくつも減災手段を組み合わせて、津波から人々をより安全にすることです。

　熊本地震は阪神淡路大震災と同じM7.3の地震でした。しかし揺れ方が違いました。阪神淡路の場合は、いきなり下から上に跳ね上げる地震でした。一方、熊本地震の場合は横ずれであり、前後左右上下、目まぐるしい揺れでした。また、熊本地震には他の地震と大きく違う点がありました。4月14日にまずM6.5、益城町で震度7を観測した地震が起きました。これは日奈久断層の北部が動いたことによる地震でした。そして、それから28時間後の4月16日にはM7.3、またしても益城町で震度7の地震が発生しました。この地震は、布田川断層が阿蘇外輪山に向かって動いたことによるものでした。今回の地震は、この地域の断層が束になっている大地溝帯の南崖に位置していることを改めて明らかにしました。
　しかし熊本地震は、同じ直下型、同じM7.3でありながら、阪神淡路大震災に比べて犠牲者の数は限られたものでした。その理由はいくつかあります。一番大きかったのは、断層が繁華街と人口密集地から外れていたことです。次に、二段構えの地震により、本震の際に既に避難所や車へ避難している人が多く、倒壊した建物の中にいた人が少なかったことです。そして、3つ目が自衛隊の迅速な働きです。
　地震は蒲島知事の3期目の任期が始まる日に起きましたが、知事はそれまで8年間の経験から熊本県内をよく知っており、県庁のことも掌握していました。そして、消防救急援助隊と自衛隊に対する支援要請を速やかに行っています。
　しかし、知事の素早い要請よりもさらに早く自衛隊は動いていました。阪神淡路大震災のときには、自衛隊は要請無しに出動することはできない

というルール理解が一般的でした。そのため、地震が発生した早朝からすぐに動くことができないと感じており、ようやく動き始めると、交通マヒで進めなくなっていました。その結果、阪神淡路大震災の被災者救出の約8割は家族や近所の人の共助によるものとなりました。これは大変素晴らしい結果ですが、しかしながら、危険も多く大きな犠牲を伴うことにもなります。そのときの反省を踏まえて、現在の自衛隊は緊急事態が起きたらすぐに出動できる全国体制（Fast Force）を整えています。特に熊本は市内に自衛隊の駐屯地が密に集まっている地域なので、自衛隊が益城町にすぐ駆けつけることができました。そのため、熊本地震でははじめからプロ集団による救出を進めることができたのです。

その後、蒲島知事から私に「くまもと復旧・復興有識者会議」への協力を求める電話があり、喜んでお引き受けいたしました。会議の中では、熊本の創造的復興について熱心な議論が行われました。現在、有識者会議の結果に基づき、県がロードマップを作成して復興を進めているところです。

最後に私が考える熊本の創造的復興を述べましょう。

まず1つ目は、熊本の中心市街地から空港までを発展の中軸にしていくことです。この線上にある益城町や西原村の復興を、未来づくりの展望のもとに行う復興です。まちと空港を発展させながら復興を進めていくと、被災地の面目を一新するようになるのではないかと考えます。しかし、これには大きな財源が必要です。国には是非それをサポートしてもらいたいと思います。2つ目は、東西線の強化です。熊本の南北軸は新幹線や高速道路がしっかりしているのに、東西軸は国道57号線一本しかありません。阿蘇は世界の資産です。そこへ行く道が渋滞していてはいけません。広域防災のためにも、熊本の未来のためにも、大分や延岡（宮崎）に行ける高規格道路を作らなければなりません。そうしなければ創造的復興は果たせないでしょう。最後の3つ目は復興ミュージアムです。阪神淡路大震災のときの創造的復興の中心はこれで、今では全国から小学生を中心に見学に集まります。外国からの視察も少なくありません。阪神淡路大震災がどのような地震だったのか、リアルに体験できるようになっています。これは

社会教育としてとても重要なものです。ぜひ、益城町、西原村、南阿蘇村、阿蘇市、そして熊本市が連携して、人々が熊本地震を追体験できるようなミュージアムを作っていただきたいと思います。将来の世代を災害から守る拠点となるためです。
　将来がある、希望がある、躍進できる、夢のある創造的復興に向かって、熊本県民みんなで頑張っていきましょう。

目　次

特別寄稿　熊本地震と創造的復興

　　　　　　　　　　　　熊本県立大学理事長　五百旗頭　真

はじめに　　　　　　　　　　　　　　　　　　山西　佑季　8

第1章　震災と熊本県立大学　　　　　　　　　澤田　道夫　11

第2章　災害時の保健・医療・福祉

　　　　―災害要援護者への支援・心のケア―　安浪　小夜子　23

第3章　災害復興と公共政策　　　　　　　　　澤田　道夫　35

第4章　震災後の経済状態の動向と経済学的考察　本田　圭市郎　53

第5章　震災復興を支援する ICT の可能性　　　小薗　和剛　65

おわりに　　　　　　　　　　　　　　　　　　金井　貴　76

はじめに

山西　佑季

　2015年3月に熊本県立大学総合管理学部教員5名により、熊本県立大学ブックレット1「災害と総合管理」を発刊しました。それから約1年後の2016年4月に、先の平成28年熊本地震が起こりました。熊本は、地震が起きない地域として熊本県内だけでなく、広く全国にも認知されていましたが、想定外の大規模な震災が発生することとなりました。この地震は、これまでの観測史上類を見ないものでした。通常、本震の後に余震が起こりますが、熊本地震では前震が起こった後、丸1日以上経って本震が起こりました。また、益城町にいたっては震度7の揺れに2度も見舞われることになります。さらに、地震発生から半年を経過した10月までに、4,000回以上もの余震が起こっています。

　このように異例ずくめの地震でしたが、地震の規模が同じような阪神・淡路大震災や東日本大震災などと比較して、甚大な被害が少なかったことも特徴として挙げられます。これは、先の大震災で我々が学んだ教訓が生かされ、防災や減災に役立てられてきた結果だと思います。もちろん、熊本地震でも尊い人命が失われ、日々の生活や社会インフラ、貴重な文化財などが破壊されたことは、後世まで語り継がれていかなければなりません。また、震災発生後の私たちの行動も反省すべき点が多々あります。

　熊本県立大学では、1年生を対象とした必修講義の中で防災に関する学習を行っています。また、本学をはじめ、県内複数大学が連携して防災・減災に関する人材育成を行っています。先に述べたブックレットの発刊にあたっては、総合管理学部という学部の特徴から災害を様々な視点から見つめ、防災や災害発生時にどのように考え行動する必要があるのかも学生教育に取り入れました。これらの教育内容や学習内容が、熊本地震でどの程度有益であったか、また、学生にとって本当に役立つ内容とはどのよう

なものか、今後検証が必要になるでしょう。さらに、本学学生だけでなく、今回の地震を受けて広く一般社会にも本当に必要な教育や学習は何であるかを発信していかなければなりません。

　本ブックレットは、上記のような考え方に立脚し、今後加速していくであろう「復興」に向けて、何を考え、どのように行動していくのかを総合管理学部の多様な視点（行政、ビジネス、ICT、福祉）から考えていきたいと思います。

　発刊にあたっては、先の「東日本大震災復興構想会議」議長、さらには「くまもと復旧・復興有識者会議」座長である、熊本県立大学の五百旗頭真（いおきべまこと）理事長に特別寄稿をいただきました。

　また、4月14日の前震ならびに4月16日の本震を受けた、熊本県立大学や学生の取り組みについて、総合管理学部准教授の澤田道夫が報告します。

　さらに、総合管理学部の4教員が、それぞれの分野の視点から、復興に向けた各種解説や提言を行っています。これらの内容は、2016年前期の1年生を対象とした講義の中で、各教員が学生に向けて講義した内容を取りまとめたものです。

　復興が今後さらに加速していくことが予想されますが、行政や民間組織、ボランティア、大学、個人など、様々な組織やヒトによる総合的な力が復興へのキーポイントとなるでしょう。私たち大学人は、研究という視点と、教育という視点の両方から復興に参画していくことが求められています。

　本書を通じて、読者の皆さまが様々な視点から復興について議論していただければ幸いです。また、復興を議論するだけではなく、実際の行動によって小さな復興が積み重なり、その中から大きな成果が出ることを筆者一同期待しています。

第1章　震災と熊本県立大学

震災と熊本県立大学

澤田　道夫

　熊本地震は、熊本市周辺から阿蘇地域にわたる広い地域に深い爪痕を残しました。地震によって多数の尊い命が失われ、また、住民生活や経済活動、社会インフラにも大きな被害が生じるという、誠に不幸な出来事でした。一方で、この悲惨な災害の中においても、新たな希望の光となるような活動が多数見られました。中でも、大学生をはじめとする若い世代が多数ボランティア等で活躍したことは、「大学のまち熊本」で暮らす県民にとっては大変に心強いものでした。

　ここでは、熊本地震に際して熊本県立大学がどう動いたか、またその中で熊本県立大学の学生たちがどのように活躍したかについて記録しておきます。

1　地震発生直後の熊本県立大学の動き

　2016年4月14日（木）21時26分、熊本地震の前震が発生しました。震源となった益城町で震度7を観測した前震では、熊本県立大学が所在する熊本市東区においても震度6弱の揺れとなりました。当時、まだ学内に多数の学生がいたため、研究で残っていた教員たちが手分けして建物内から学生を外に出し、施設の安全確認を行いました。大学当局は、直ちに臨時休講を決定し大学ホームページに掲載するとともに、学生たちを建物の倒壊の危険の無い場所に誘導し、安全確保を行いました。

　その間にも、大学周辺に居住する学生、さらには地域住民の方々が続々と大学構内に避難してきました。それらの方々のために、サブアリーナと武道場を一時的な避難場所として開放しました。400人近い人数となった避難者の方々に対し、ゴザや毛布等を隣接する精神保健福祉センターや県消防学校からお借りして提供しました。また、朝方には、環境共生学部の

教員や学生が給食実習室で米を炊いておにぎりを配給しました。

　翌15日の夜には、避難者も学生50人程度に減っていました。ところが、このまま地震が収束していくかと思われていた矢先の４月16日（土）深夜１時25分、前震をはるかに上回る大きさの本震が発生しました。益城町で震度７、熊本市東区でも震度６強となった本震では、前震では停電しなかった学内も停電し、ガスも水道も止まりました。前震時を上回る数の避難者の方が学内に避難してこられましたが、余震が続く中、建物の安全が不明だったため、屋外のフィールドに避難してもらいました。停電により周囲の道路の街灯や信号も消えました。真っ暗な中で、大学に避難してくる車や、大学の向かいの熊本赤十字病院に入ろうとする車を、学生の有志たちがスマートフォンのライトをたよりに懸命に誘導しました。やがて夜明けが近くなったころ、気温が下がってきたこともあって、アリーナを避難所として開放し避難者の方に入っていただきました。

　一方、災害時の拠点病院である熊本赤十字病院（日赤）は、本震後に救急車が続々と集まり、怪我した人たちによってあふれかえりました。熊本県立大学と日赤は、向かい合わせに立地しているということもあり、地震発生以前から大規模災害発生時の施設利用に関する覚書をかわしていました。そのため、地震発生後すぐに日赤から臨時救護所を大学内に設置するよう要請が

資料1-1　避難所となったアリーナ

資料1-2　武道場への要救護者の受け入れ

あり、要救護者を武道場で受け入れることとしました。

　日が昇った後も、大学への避難者は増え続け、ついに学内への避難者は1,400人に達しました。大学の広い駐車場も、避難してきた車で満杯になりました。車中泊を含めると、2,000人近い方が熊本県立大学に避難していたことになります。

　熊本県立大学は、平成25年に熊本市との間に災害時に体育館等を避難場所とするための協定を締結していました。しかしながらその位置づけはあくまで発生時に開設する一時避難場所であり、公的な避難所にはなっていませんでした。その結果、熊本市からの避難所運営を行う応援職員の派遣はなく、支援物資の配給も限られていました。そのため、避難者の方々に配給する食べ物等は不足しがちであり、県から物資を配給していただくほか、学生たちが自分のバイト先から集めてきたり、関係団体や個人の方から寄付をいただいたりして集めた食料を配給しました。

　幸いなことに、本震当日の午前中には早くも電気が復旧しました。電気が通ったために、大学内にあった井戸から地下水をくみ上げているポンプが動き出し、給水ができるようになりました。水道は依然として断水したままでしたが、井戸水が供給できるようになったことから一部のトイレが使用できるようになり、給水支援も可能になりました。この井戸水は、その後も21日に水道が復旧するまで、貴重な給水場所として地域の方々に利用していただきました。

資料1-3　給水所での地下水の提供

　本震翌日の17日には、佐賀県の武雄市から大学に対して支援物資が届きました。アルファ米や水、クラッカーなどを大量にいただいたことから、それらを避難者に配るとともに、一部を物資が不足していた益城町にも提供し、被災者支援に役立てていただきました。

4月16日〜18日のお昼まで、熊本県立大学に常時数百名の方が避難されていました。しかしながら、食料や生活用品等の物資配給が十分ではないことや、正式な避難所ではないために被災者向けの行政情報も提供できないことなど、いくつかの問題点がありました。また、日赤からは、DMATチーム

資料1-4　武雄市からの支援物資

（災害派遣医療チーム）の宿泊や医療用緊急車両の駐車場所の確保の要請、さらには全国災害救護班の待機場所の確保などの依頼もありました。日赤に一番近い立地の公的施設として、医療連携支援も熊本県立大学の重要な役割でした。

　そこで、本震から3日経った18日の昼、熊本県立大学は避難所開放の規模を縮小し、医療連携中心にシフトしました。日赤から受け入れた要救護者の方については引き続き武道場で受け入れることとし、その他一般の避難者の方は近隣の小学校等の公的避難所に移動してもらいました。

　車で避難されていた方にも駐車場から移動してもらいましたが、空いた駐車スペースには、早速全国各地から駆けつけたDMATの緊急車両が入れ替わり立ち替わり車を停めていました。

資料1-5
災害緊急車両（大学駐車場）

資料1-6
全国救護班待機所となったアリーナ

2　学生ボランティアによる避難者支援

　今回の地震では熊本市も大きな被害を受けましたが、その熊本市には多数の大学や専門学校などが立地し、数多くの学生が暮らしていました。実は熊本市は、全国に20ある政令指定都市の中でも、人口当たりの大学生数で6位と上位に位置する「学生のまち」です。熊本市内とその近郊に住んでいるこれらの大学生たちは、災害発生直後から被災者支援に向けて積極的に動き始めました。

　前述のとおり、地震発生直後から、大学に大勢の地域の方が避難してこられました。これらの方々の支援を行ったのが、自らもそこに避難してきていた大学生のボランティアたちでした。学生たちは、大勢の避難者で混乱する大学の状況を目の当たりにして、あるものは教員の指示で、またあるものは全く自発的に、学内のあちこちでボランティアグループを結成し、避難者の支援を始めました。

　本震直後から、一部の学生たちは、停電により全ての明かりが消えた中で、大学や熊本赤十字病院に来訪する車をスマートフォンの明かりをたよりに誘導していました。また、避難所となったアリーナの中に常駐して、住民の方々への支援を行った学生たちもいました。日中も、ひっきりなしに来訪する避難者の車などの誘導を学生たちが行いました。

　水が止まるとすぐに困るのはトイレです。大勢の避難者が押し寄せたため、学内のトイレはすぐに詰まってしまいました。これを見た学生たちが、ポリバケツを利用して学内のプールから断水となったトイレに水を運び、タンクに給水して流したり、詰まったトイレを清掃したりしました。給水の必要なトイレへの水の手配、トイレットペーパーの供給、利用可能なトイレの場所の掲示など、全て学生グループが行いました。電気が復旧し地下水が利用できるようになった後は落ち着きましたが、トイレを使用で

資料1-7
学生が作成したトイレ案内図

きるようにしつづけた学生たちの努力は大変なものでした。

　武道場では、病院から搬送されてきた要救護者の方々を支援するため、学生たちが張り付きました。自力では動くことができない方もいたため、万が一の余震の際に迅速に避難ができるよう、24時間体制で学生ボランティアが看護を行いました。学生の多くは介助の経験がありませんでしたが、幸い講義で介護実習を体験していた学生がいたため、その学生と他の学生たちが協力しながらサポートを行いました。

資料1-8
夜間も交代で要救護者を見守る学生たち

　学生ボランティアが活発に活動できた理由の1つは、LINEなどのSNSを利用した迅速な情報交換・情報共有でした。学生たちは自分たちでLINEのグループをつくり、情報交換やメンバーの募集などを行っていました。しかし、学生ボランティアたちの動きが活発になり、様々なグループが活動し始めると、それらの活動を統合する必要が出てきました。そこで、16日の午後、学生たちが個々につくっていたLINEのグループを統合することとなり、グループリーダーが集合してリーダー会議が行われました。大学は、これらの学生たちの活動を支援するため、大学本部棟の大会議室を「学生ボランティア本部」として提供しました。活動拠点を得た学生たちは、支援物資の確保や食糧の配給、夜間の避難所の巡回などについて、自分たちで役割分担しローテーションを組んで行いました。

　熊本県立大学は、避難所としては18日で規模を縮小することになりました。

資料1-9
学生ボランティア本部でのリーダー会議

大学から公設避難所に移られたり、あるいは自宅に帰られる方々が、学生ボランティアたちにたくさんのメッセージを残してくれました。それらのメッセージは、ボランティアに参加した学生たちにとってきっと大きな励みとなったことでしょう。熊本県立大学には2,000人近い地域住民の方が避難してきました。熊本県が公表している被害状況の資料では、熊本地震における熊本県内全体での避難者数のピークは18万人となっています。県内全ての避難者の実に1％にあたる人数を熊本県立大学で引き受け、学生ボランティアたちがその方々をきちんとサポートすることができたということは、熊本県立大学の学生として誇りとしてよいのではないでしょうか。

資料1-10
避難者から学生ボランティアにあてたメッセージ

3　更なる学生ボランティアの活躍

　熊本県立大学の避難所運営は18日で一区切りとなりましたが、そこで学生たちの活動が終わったわけではありません。多くの学生たちが、大学や自宅の周辺で自主的にボランティア活動を続けていました。中でも特徴的なのは、市町村の災害ボランティアセンターの運営を熊本県立大学の学生をはじめとする大学生たちが中心となって行った熊本市のケースでしょう。これは、全国的にも初めてとなる事例でした。

　避難所規模を縮小した後も、大学の中にはボランティアとして活動した学生が多数残っていました。その学生たちに対し、4月20日に熊本市社会福祉協議会から「4月22日に開設する熊本市の災害ボランティアセンターの運営スタッフとして協力してくれないか」という依頼がありました。

　通常、自治体の災害ボランティアセンターの運営は、当該自治体の社会福祉協議会を中心に行われます。災害発生後に、社協がセンターを設置し、社協の職員や応援に来た支援職員、NPOメンバー等が中心となって行わ

れるのが一般的です。このようにした場合、熊本市のような大きな市に設置される災害ボランティアセンターでは、その運営だけで100人規模の職員が必要となります。熊本市社会福祉協議会は、センターの運営で人員不足に陥ることを見越して、学生たちに支援を求めることにしたのです。幸い、熊本市社協は日頃から市内の大学と連携を図っており、熊本県立大学でも、地震の一年前に学生の参加による災害ボランティアセンター設置訓練をしたばかりでした。そのため、今回のような非常時にも協力を求めやすい体制があらかじめ構築されていたわけです。

　社協からの依頼に対して、学内に残っていた3～4年生を中心とする学生たちは快く協力することとしました。翌4月21日、災害ボランティアセンター設置準備として市内中心部に社協職員と熊本県立大学や熊本大学などの学生が集まり、打ち合わせが行われました。

　翌日から熊本市災害ボランティアセンターの運営が始まりました。ボランティアセンター本部にいる社協の職員の指示のもと、誘導やオリエンテーション、マッチングなどの各班は、そのほとんどが学生中心で運営されました。

資料1-11
熊本市災害ボランティア
設置準備打ち合わせ

熊本県立大学の学生たちは、それぞれの班のリーダー的存在として活躍しました。

　すぐにゴールデンウィークが始まり、全国から熊本に膨大な数のボランティアの方が来られました。そのため、ピーク時にはセンターの運営だけで200人近いスタッフが必要とされることになりましたが、このスタッフの8割から9割を常時大学生が占めていました。また、学生たちはSNSを活用して人員の不足や一般ボランティアの動向、駐車場の混雑状況等について情報共有を行ったり、友達やサークル仲間に声をかけて新たなスタッフを確保したりしました。そのため、混雑が続いていたゴールデ

ウィーク期間中も、熊本市災害ボランティアセンターは安定的に運営することが可能になりました。

資料1-12
熊本市災害ボランティアセンター

資料1-13
運営に携わる熊本県立大学の学生たち

　この災害ボランティアセンターの運営に参加した熊本県立大学の学生たちに対しても、大学は学内の部屋を学生ボランティア本部として提供して支援を行いました。学生たちは毎晩この本部に集まりミーティングを開いて、各担当部署の抱えている問題点や、どのようにセンターを運営すれば効率的になるかについて遅くまで熱心に話し合いました。協議の結果は学生リーダーから社協に伝えられ、それらの提案をもとに次々に業務が改善されていきました。

資料1-14
大学内での学生ボランティアのミーティング

　このように、災害ボランティアセンターの運営を、その設置当初から学生が中心となって担うという手法は、熊本市社協が初めて行った独自の取り組みです。今後のまさに「熊本方式」とも呼べるような先駆的な取り組みに、熊本県立大学の学生たちが参加し、その中心を担うことができたということも、学生にとっては非常によい経験となったのではないでしょうか。

熊本地震発災から時間が経過した現在も、熊本県立大学の学生は様々な形で復興のためのボランティアに取り組んでいます。県内のあちこちで、大学生による仮設住宅の入居者支援や被災地の子どもたちの学習支援、県外の大学生ボランティアたちとの交流などが活発に行われています。今後とも学生たちがこのようなボランティア活動を積極的に継続していけば、熊本の復興もきっと早まるのではないでしょうか。

第2章 災害時の保健・医療・福祉
―災害要援護者への支援・心のケア―

災害時の保健・医療・福祉 —災害要援護者への支援・心のケア—

安浪　小夜子

　本章では、地域福祉ネットワークの立場から「災害時の保健・医療・福祉の役割—災害要援護者への支援および心のケアを中心に—」というテーマで話をいたします。

　今回の熊本地震は2度の激震にみまわれ、誰もが恐怖と先の見えない不安体験をしたと思います。ライフラインも途絶え、その後の生活にも大きな影響が出ました。資料2-1は「マズローの欲求段階」ですが、災害が発生すると生命に直結する生理的欲求、安全の欲求が脅かされてしまいます。つまり、人が生きていくための最低ラインの欲求さえ満たせない状況に陥るということです。

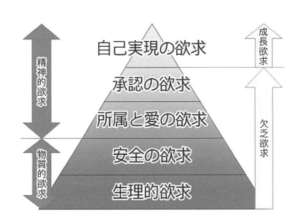

資料2-1　マズローの欲求段階

　そこで1995年の阪神・淡路大震災、2011年の東日本大震災を経験し、その教訓が熊本地震で生かされたのかを考えていきます。さらに、東日本大震災で課題として残された「災害要援護者」の支援に注目していきます。

1　災害時の保健・医療・福祉の役割

　災害における保健・医療・福祉の役割とは一体何なのでしょうか。
　まずは傷病者を、適切な医療施設へ、適切な時間内にという原則のもとに命を救うことです。72時間ルールといって、災害にあったときに72時間（ゴールデンタイム）を超えると生命維持が困難になるといわれています。この救命については、熊本の基幹災害支援病院である熊本赤十字病院を中心に、全国から集まった193チームのDMATという災害派遣医療チームによって、2次災害を1人も出すこともなく、救命に成功しました。もう1つ注目すべきは災害支援が届くまでの隣近所同士の助けあいが功を奏したといわれており、支援が届くまでの自助・互助は救命においても大きな力になります。
　次に、被災者・避難者の健康管理です。つまり、災害が健康に及ぼす影響の制御と中長期的なケアが必要になります。南阿蘇でノロウイルス感染症が発生したニュースをメディアで見聞きされたと思います。避難所で感染症が発生すると多くの人が感染し、命をおとすこともあります。よって早いうちに感染を防止するための対策が必要になります。また、慢性疾患など持病のある人たちに対しても、治療が途絶えることなく、長い期間でのケアが必要になってきます。これも重要な役割です。
　3点目は地域保健医療システムの機能維持と再建です。今回は県内で約1300の医療施設が被害を受けたといわれています。一番被害の大きかった益城町や南阿蘇村では、病院がまったく機能しないというような状況に陥りました。もちろん熊本市内の病院もそうです。病院によっては閉鎖に追い込まれた施設もあります。この地域保健医療システムをどう維持させるかということと、早期に再建させるということが大事になってきます。このことは人々の生命に直結することです。
　さらに4点目は生活の自立に向けての支援です。生活をいかに元に戻すか、もしくは元よりももっと良くなるように、被災した人々を支援していくことが重要で、これはさらに長期的支援が必要になります。

2 災害サイクル各期における災害支援

このように、保健・医療・福祉は主に4つの役割を担うのですが、災害を時間軸で捉えると、サイクルとして表すことができます（資料2-2）。まず、「超急性期の救出期」から「超急性期」ですが、先ほど話しましたように、72時間というゴールデンタイムの間に人命救助と適切な治療に力が注がれます。その後、「急性期」、「亜急性期」、「慢性期」と続き、この時期は持病のある人の悪化防止や新たな感染症の予防対策、心のケアなど、人々がおかれた場所で最適な健康生活が送れるような支援に変わっていきます。「静穏期～準備期」では、災害の評価を行い、得た教訓を生かした対策およびマニュアル作成や訓練など以降の災害に備える時期となります。このサイクルにおける支援者は、行政はもちろん当事者を含む地域住民をはじめ県内外に多くの職種や団体が存在します。皆さんの中には、被災者となった人も、ボランティアの立場で支援者になった人もいるのではないでしょうか。

期	超急性期の救出期（数時間）	超急性期（～3日）	急性期（～7日）	亜急性期（～1ヵ月）	慢性期（～3年）	静穏期～準備期（3年～）
社会的支援（生活）	支援不能期	被災者の救助・避難	初期集中医療		継続的な医療 自立支援医超急療	
	実施不能	被災者の救助・避難	被災者の援助(衣食住) 保健と防疫 被災地の保全と復旧		被災者の福祉 生活指導 被災地の復興	
医療支援	相互救助 脱出 応急手当	急性期医療(3T：トリアージ・応急処置・搬送)（救命）				
			慢性疾患対策、感染症対策 ⟶			
			心のケア ⟶			
					災害の評価・災害対策準備	
支援者	被災地住民どうし(自助・共助)					
			救護班・保健所・医師会・看護協会・日本赤十字 ボランティア 等 ⟶			

資料2-2　災害サイクル各期における災害支援

3　東日本大震災における課題と対策

　阪神・淡路大震災、東日本大震災での教訓は生かされているのかを考えてみましょう。1995年の阪神・淡路大震災発災時の映像は今でも私の脳裏に焼き付いているほど衝撃的でした。このときにはほとんど災害支援体制が不十分でした。人命救助ではむしろ海外からの支援が大きく、その後の生活支援も円滑に機能せずに高齢者や一人暮らしの孤独死が問題になりました。まずは災害医療体制の見直しが行われ、各県に災害拠点病院およびDMATという災害派遣医療チームができました。熊本では熊本赤十字病院を中心に13カ所（病院）、DMATは21チーム作られています。さらに情報システムがきちんとしてないといけないということで、EMISという情報システムを用いて厚生労働省、内閣府を中心に都道府県関係部局、災害拠点病院などの関連医療機関をインターネットでつなげて情報を共有化しています。加えて小さなクリニックや避難所での健康管理システムも整っています。今回の熊本地震では、193チームのDMATが入った結果、救助した人においては死亡者がまったくいなかったということです。これは非常にうまくいった事例だと言えます。

　東日本大震災でも災害医療システムはうまく機能しましたが、生活支援や心のケアの重要性が浮き彫りになり、これらに関しても対策がいそがれました。そして、専門家により多くの支援チームが結成されました。DPAT、これは心のケアチームです。DHEATは健康危機管理チームで、これがいわゆるノロウイルス等の感染症を制御するチームです。JRATはリハビリテーション支援チームで、避難所において活動しないことによる運動機能低下を防ぎます。JDA-DATは栄養士会災害支援チームで、被災者の栄養指導などを行います。JMATは日本医師会災害医療チームで、DMATが撤退したあと、JMATにつながるようになっています。このように多くの支援チームが結成され、医療支援や心のケアに関してはうまく機能するようになってきています。熊本は厚生労働省に心のケアチームを入れてほしいと発災翌日に要請し、その後、全国から派遣され、益城町を中心とした被災地で早急にチームの支援が始まりました。

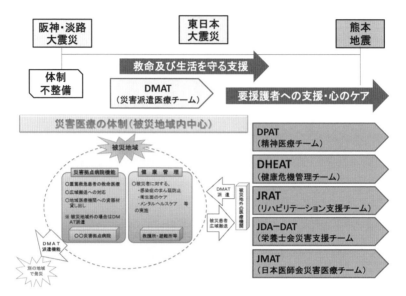

資料2-3　災害体制の充実

　さらに東日本大震災で問題になったのが災害要援護者の支援です。内閣府災害時要援護者の避難支援ガイドラインには「必要な情報を迅速かつ的確に把握し、災害から自らを守るために安全な場所に避難するなど災害時の一連の行動をとるのに支援を要する人」と定義されています。これについては、平成26年に法改正が行われ、体制整備に向けて動き出したばかりで、熊本地震ではうまく機能しなかったところがあります。

4　熊本地震での災害要援護者への支援の実際
　熊本地震での災害要援護者の支援と心のケアについてみていきます。
　災害時要援護者の支援については、法律の中で市町村ごとに福祉避難所の設置と相談員の配置、要援護者の名簿作成と関係者（民生委員など）への周知、社会福祉協議会や地域包括支援センターとの協働がうたわれています。

熊本も実は176施設が福祉避難所として登録されています。約1,700人の受け入れが可能ということで協定が結ばれているのですが、実際の開設は70カ所です。登録はしたものの開設準備が整わず、ほとんどの方が入れずに、最終的に入ることができたのは340人位です。
　入れなかった理由は、要援護者がそういう施設があることを知らなかったということ、自宅から遠いこと、施設側の準備不足やスタッフの確保困難、さらには施設自体が被災したことなどです。登録はしたけれどこんなに早く熊本地震があるとは思ってもいないから準備が間に合わなかったということで、残念な結果になってしまいました。結局多くの要援護者は自宅や一般の避難所で一緒に生活をするという事態になったのです。
　そこで福祉避難所の役割を大学や地域のNPOが自主的に運営する必要性が出てきました。メディアで放送された熊本学園大学は社会福祉学部を有する大学です。そのためバリアフリーでアメニティが整っています。もともとこの大学は障がい者の方も多く、社会福祉学部があり、大学としても何らかの形で地域貢献したいという思いはあったようです。バリアフリーの環境がしっかり整っているということ、教員にもケアの専門家が多かったこと、それともう1つは学生です。社会福祉学部の学生が中心的な役割を果たしています。こういったところが大きいと考えます。これらの学生を中心に多くの大学生がボランティアとして参加しました。
　また高齢者ケア施設や認知症の方が入所しているグループホームは、もともと高齢者の施設であるため、バリアフリーなど要援護者の生活に適しています。一般の避難所は洋式のトイレは1個しかないところが多く、要援護者が生活できる条件が整っていません。
　このような状況の中で自宅での生活を余儀なくされた方もいます。福祉避難所が近くになく、一般の避難所では生活ができないという例です。障害があり排泄に時間がかかる人は、尿が出ないように水分を控えたり、トイレを利用するために避難所と自宅を往復している人もいます。また、福祉避難所があっても、自宅にとどまるという人もいます。自宅にとどまる被災者に対しては、安全に生活ができるようにいろいろな組織による支援

が必要になります。支援を求めない人にも何らかの形で情報収集しながら入っていかないといけないということで、そのような例に社会福祉協議会やNPOが協働して介入しているということが分かってきました。福祉避難所というのは公的な制度ですが、全てカバーできるわけではなく、そこに社会福祉協議会やNPO、いろいろな民間施設が頑張って協働していくことが重要なのです。

　要援護者だけでなく、熊本地震で問題となったのがエコノミークラス症候群です。そこで紹介したいのが段ボールベッドです。実は要援護者にも優しい簡易段ボールベッドを段ボールメーカーが開発しました。利点は、①空気の層でできているので暖かい　②余震の揺れや振動、騒音を伝えにくい　③昼間は椅子代わりになる　④高齢者、障がい者の昇降が容易である　⑤プライバシーの確保ができる　⑥ベッドの中身は収納や引っ越しの箱になる　⑦高さがあるので感染症予防になる（菌は30cm以下に沈むため）などがあります。エコノミークラス症候群については、イギリスで第２次世界大戦の頃に、この簡易ベッドを使って同症候群を予防したということで、外国の避難所ではベッドが常識になっています。今回の地震では、避難所に段ボールベッドを設置された光景が見られました（資料２−４）。

　最後に心のケアについて話します。被災者の心の反応は、急性期・反応期・修復期・復興期の４つの段階があると言われています（資料２−５）。それぞれの段階で、身体や精神、思考に反応があらわれ、最終的には被害の出来事を振り返ってもストレス反応を起こさなくなります。もちろん個人差があります。災害後のメンタルヘルスケアがうまくいかないと、PTSDや

資料2-4　要援護者にもやさしい簡易段ボールベッド
出典：JパックスHP（http://jpacks.co.jp/archives/471）

パニック障害など種々の症状が発生します。

	身体	思考	感情
急性期 (数分〜数日)	心拍数の増加 呼吸がはやい 血圧上昇 発汗やふるえ	合理的思考の困難さ 集中力・記憶力の低下 判断能力低下	茫然自失 恐怖感 不安感 悲しみ、怒り
反応期 (1〜6週間)	頭痛、腰痛 疲労の蓄積 悪夢・睡眠障害	自分のおかれた辛い 状況がわかる	悲しみ、恐怖 抑うつ感 喪失感 気分の高揚
修復期 (1〜6ヵ月)	反応期と同じだが 強度が減じる	徐々に自立的な考え ができる	悲しみ 寂しさ 不安
復興期 (6ヵ月以降)	災害の出来事を振り返ってもストレス反応を起こすことなく経験を受け入れ、他のストレスに対する準備ができるようになるが、個人により差がある		

資料2-5　被災者の心の反応の段階

制度的には先にお話ししたDPATが組織されています。これは災害や大規模事故の後、被災地に入り精神医療及び精神保健活動を行う専門的なチームです。今回は県から厚生労働省への要請が早かったため、早期に心のケア対策ができたようです。身体的な痛みを緩和させたり、タッチングに

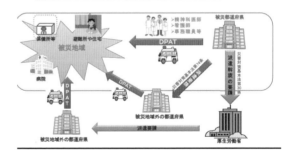

資料2-6　制度化されたチーム
出典：災害時こころの支援センター
(saigai-kokoro.ncnp.go.jp/pdf/130301_akiba.pdf)

よる非言語的コミュニケーション、傾聴を行い被災者の感情を受け止めるなど、症状に応じて専門家のケアが入りました。

しかしDPATだけでなく、ここでも多くのNPOや企業が活躍しています。子どもやその親に対してはセーブ・ザ・チルドレン、妊産婦に対しては助産所や大学病院、高齢者に対してはレクリエーション協会や医療・介護サービス関連団体などがサポートしています。

　心のケアで私たちが考える必要があるのが、自治体職員など救援者に対する心のケアです。実は救援者は自分でも被災している人が多く、それに加えて役職としての責任や終わりの見えない支援、ジレンマなど複雑なストレスがかかると言われています。このストレスで彼らは非常に疲弊し、自殺者が出ることも珍しくありません。このような人たちにもDPATが支援に入りました。もちろん自己管理も大事ですが、リーダーがしっかり管理していく、職員同士で助け合っていくことが重要であると言われています。

　西原村も大きな被害に見舞われ、村の職員は救援に追われました。このとき村長は、常に職員を見て回り、「帰りなさい。命令です。休めば効率が上がるのだから無理せず休みなさい」という行動をとっています。さらに職員を班編成して週末に1日休むという対策をとりました。ここではリーダーの役割がきちんと果たされています。

　以上のように課題はまだまだありますが、災害要援護者のケアについては、過去の災害の課題をもとに少しずつ充実し始めています。福祉避難所については、広報や組織づくり、スタッフの教育などが不足しているという課題が見えたので、充実させていくための戦略が必要です。

　大災害においては、公的機関だけでなく共助・自助・互助が共存していくということが重要であることがわかります。最終目標は「インクルーシブ防災」という考え方です。これは誰1人も排除せず、あらゆる人の命を支えるという方向に発展すべきだということです。そのために私たちがやるべきことは、地域には特別な配慮を必要とする人達が共に生活をしていることを知る、普段から相互に交流しあいながら名簿作成や支援者の組織化、避難訓練などを行い意識的に避難のあり方を考え実践しておくということではないでしょうか。

【参考文献】

1）辰濃哲郎（2011）『「脇役」たちがつないだ震災医療』医薬経済社
2）山﨑達枝（2009）『災害現場でのトリアージと応急処置』日本看護協会出版会
3）長純一、永井康徳編集（2015）『大規模災害時医療』中山書店

第3章　災害復興と公共政策

災害復興と公共政策

澤田　道夫

1　熊本地震の被害

　本章のテーマは、災害復興と公共政策というお話です。熊本地震は、2016年4月14日と16日の2回発生しました。14日が前震、16日が本震と呼ばれていますが、このように震度7の地震が2回連続で来るのは、実は日本で初めてです。また、震度1以上の余震が半年の間に4,000回以上も発生しました。これほど短い期間に狭いエリアでこんなにたくさんの余震が来るのも、内陸型の地震としては初めてのケースです。

　熊本地震では、熊本市の東区、上益城郡益城町、御船町、嘉島町、阿蘇市、阿蘇郡西原村、南阿蘇村など、熊本市の近隣から阿蘇地域にかけて大きな被害が出ています。熊本県立大学が位置している熊本市東区でも、大学から車で少し南に走ると、家が壊れたりアパートの1階がつぶれたりしていました。本震後に調査に行ったときも、家が完全に倒れて道路をふさいでいるのを見かけました。また、大学から車で15分ほど東に行くと震源となった益城町につきます。益城町では町のメインストリートである県道とその周辺の住宅密集地が多数倒壊しました。同町では実に住家の98％が何らかの被害を受けたといわれています。

　住家以外に、様々な公共施設にも大きな被害が出ました。熊本市に隣接する宇土市の市役所の被害についてはテレビ等でも大きく報じられました。5階建てだった市役所の4階にあたる部分が崩壊し、つぶれてしまいました。前震の時点から危険ということで職員は屋外に待避していましたので、人的な被害はありませんでしたが、もちろん建物は使えなくなりました。宇土市役所以外にも、熊本県内の複数の市役所や役場が使用できなくなっています。震源となった益城町では、役場庁舎は震度7にも耐えるという耐震改修が行われていました。ところが、地震によって基礎部分が

破壊されたため使用できなくなってしまいました。他にも大津町役場、八代市役所、人吉市役所、水俣市役所などで地震被害により建て替えが行われることとなっています。自治体の庁舎は高度成長時代に建てられたものも多く、建築年数が数十年を経過しやがて建て替えの時期を迎えようとしていたのですが、それらの庁舎が今回の地震で使用不可能になりました。老朽化していたとしても、災害対応の拠点として庁舎が使えるのと使えないのでは大きな違いです。地震で市役所や役場が使用できなくなり、結果として公共サービスの提供に困難を来したことは、今後の日本の災害対応においても大きな教訓としなければなりません。

資料3-1　地震直後の宇土市役所

　様々なインフラや文化施設も大きな被害を受けました。国道57号線は立野地区での山腹崩壊で寸断されました。また、南阿蘇村に通じる阿蘇大橋も崩落しています。少し下流にかかっている長陽大橋はそのままですが、橋に至るまでの道が崩壊して使用できません。南阿蘇に通じるもう１つの主要道である俵山トンネルも、トンネルの屋根が落ちたりそこに至る道が寸断されたりして通行できなくなりました。こういった道路や橋、トンネルなどは誰もが使う公共財です。そのため、設置されるときは住民から集

資料3-2　崩落した阿蘇大橋
（出典：国土交通省）

資料3-3　天井が剥落した俵山トンネル
（出典：同左）

めた税金を使って行政が整備することとなります。今回のように災害によって破壊されたときも、当然行政が修繕をすることになります。

今回の地震では歴史的建造物の被害も大きなものでした。熊本のシンボルでもあり、最大の観光施設の1

資料3-4　石垣が崩れた熊本城

つでもある熊本城は、地震により広範囲にわたって石垣が崩れました。石垣沿いに作られている櫓(やぐら)の中には倒壊したものもあります。また、城本体も内部が大きく壊れて入ることができません。その補修にも莫大な費用がかかることとなります。

2　災害・防災・復興

熊本地震のような自然災害が発生すると、このように甚大な被害が生じます。それでは、そもそもここでいう「災害」とは何でしょうか。

災害に対策するために様々な法律があります。その基本となるのが「災害対策基本法」です。多くの法律には第2条にその法律で使用する言葉の定義が書いてありますが、災害対策基本法の第2条にも同じく定義が書いてあります。そこには災害とは何かという定義もあります。それを読むと以下のとおりです。

> ●災害　暴風、竜巻、豪雨、豪雪、洪水、崖崩れ、土石流、高潮、地震、津波、噴火、地滑りその他の異常な自然現象又は大規模な火事若しくは爆発その他その及ぼす被害の程度においてこれらに類する政令で定める原因により生ずる被害をいう。
>
> （災害対策基本法第2条第1号）

この定義によると、暴風、豪雨、豪雪、洪水、高潮、地震、津波、噴火その他の異常な自然現象は、まず災害になります。これらは確かに我々のイメージする災害になります。また、大規模な火事や爆発なども災害に当

たります。海外ニュースで聞くような大規模な山火事とか、コンビナートの爆発も災害になるわけです。さらに、被害の程度が「異常な自然現象」に類するもので、政令で定められている出来事で生じた被害も災害に当たることになります。具体的には放射性物質の大量流出とか、船舶の沈没がそれになります。これについては「政令で定める」と書いてあり、別にそれを定めている政令「災害対策基本法施行令」というのがあります。以上のとおり、「災害」という言葉は少し我々が考える定義よりも広いのです。

「防災」という言葉もあります。防災については、こう定義されています。

●防災　災害を未然に防止し、災害が発生した場合における被害の拡大を防ぎ、及び災害の復旧を図ることをいう。
（災害対策基本法第2条第2号）

防災についても、少し我々の考える定義よりも広いです。災害を未然に防止するだけではなく、災害が発生した場合に被害の拡大を防ぐことも防災です。さらに災害の復旧を図ることも防災の範囲に入ります。これら全部をセットで併せて「防災」になるわけです。この言葉も、我々が直感的にイメージする「災害を防ぐ」という概念よりも少し広い範囲を指しています。

では、今回のテーマの復興はどうでしょうか。「復興」について法律の定義に何と書いてあると思いますか。実は、復興という言葉の定義は、災害対策基本法にはありません。復興という言葉の意味を明確に示す法律上の定義はどこにも見当たらないのです。

しかしながら、復興という言葉自体については、その意味することは何となく分かります。もっと詳しく調べるために辞書を引いてみると、次のとおり書いてありました。

●復興　一度衰えたものが、再び盛んになること。また、盛んにすること。
（大辞林第三版）

辞書には「戦災都市を復興する」とか「文芸復興」などの例が挙げられています。要するに、何かの原因によって一回衰えて、それをもう一度盛んにすることが復興という言葉の意味になります。今回のテーマである、「災害復興」という言葉における復興の示す意味合いもこれになります。災害で一度衰えた地域の力をどうやって取り戻していくか、それを考えていかなければいけません。

3　復興と復旧

それでは、復興を行うとき、その主役は誰でしょうか。そもそも復興は誰の仕事なのでしょう。災害の対策については、災害対策基本法で誰が中心となるかが決められています。同法の第3条から第7条までに、国や自治体などが果たすべき役割について決められています。第3条が国、第4条が都道府県、第5条が市町村、第6条が指定公共機関及び指定地方公共機関（独立行政法人や日赤、電気・ガス・水道事業者等）、第7条が住民の責務です。実は、国や自治体などのいわゆる行政機関だけではなく、事業者や住民にも災害対策の責任があるわけです。

中でも、災害対応で最も中心的な役割を果たすのは市町村です。今回のテーマである「災害復興と公共政策」について、被災者を助けるための公共政策で中心的な役割を果たすのはやはり市町村になります。実際の被災者にとって一番身近なのは市町村ですので、被災者支援などは一義的には市町村の仕事になります。

ただし、もちろん市町村だけで実行できないこともあります。例えば、道路や河川などは市町村をまたいで通っています。特に河川などは、単一の市町村のエリアにとどまっているものはほとんどありません。そのため、道路や河川の修繕は国や県が担当したりします。例えば国道○○号線などと名前がついた道路があります。名前は「国道」となっていますが、その全てを国が管理しているわけではありません。河川についても同様ですが、インフラの根幹に関わる重要な部分については国が直接管理を行います。そして、それ以外の大半の箇所は都道府県が管轄しています。また、県道

○○線などの県が設置した道路についても、当然県の管轄になります。このような公共物については、市町村だけで勝手に改修したり廃止してしまったりすることはできません。

　もう1つ、被災した住民に対する公共サービスの提供についても、市町村のすべきことではありますが、単独では完全に実行することは困難です。災害復興においては、地域住民一人一人のニーズにきめ細やかに対応していくことが必要になりますが、市町村だけのマンパワーでは当然そこまではできません。ですから、被災者支援を行うときは、行政だけではなく、自治会やまちづくり団体などの地域住民自身で構成される組織、あるいはNPO法人、他地域から支援に来たボランティアの方々などが力を合わせて行うことが重要になります。このように、災害からの復興は市町村が中心とはなるものの、決して市町村だけにとどまるわけではなく、国や県、住民、NPO、ボランティアのみんなが関わって成し遂げていくということになります。

　もう1つ、「復旧」と「復興」の違いについてもお話ししておきましょう。復旧と復興の違いは何でしょうか。もちろん、この両者は相違があります。まず、復旧については、単純に「元あった状態」に戻すことを指します。「現状復旧」という言葉を思い起こすのが一番理解しやすいでしょう。例えば、災害で道路の舗装が壊れてしまったから、元の状態のとおりに舗装し直そうというのが災害復旧です。一方で、復興という言葉は、「元あった状態」に戻すだけにとどまりません。先ほどお話ししたとおり、一度衰えたものをもう一度盛んにするのが復興です。災害でダメージを受けて、一度力が弱まったけれども、それをもっと盛り返していこう、盛んにしていこうという考え方が「災害復興」です。この2つの考え方は全然違います。

　阪神・淡路大震災までの国の災害対応の方針は、明らかに「復旧」でした。壊れてしまった建物やインフラを元通り修繕するまでで終わりで、壊れたものを修繕するに当たって、震災前よりももっと良いものをつくろうということにはお金は出さないというのが阪神・淡路大震災までの国のス

タンスでした。これは要するに現状復旧です。せっかく作り直すのであれば、こうした方が元よりももっと良くなります、ということは認めないのが国の立場でした。ところが、阪神・淡路大震災では、神戸という大都市がものすごいダメージを受けました。住宅密集地にあまりにも巨大な被害が出たので、単純な復旧だけでは人々の営みを取り戻すことは困難でした。はい道路を直しました、はい建物を直しました、はいこれで終わりです、というわけにはいかなかったのです。単純な復旧では、住民の日々の暮らしを回復するには足りないという議論がそのときに起こりました。このときまでは、震災前よりももっと良くしようとはおこがましいというのが国のスタンスでしたが、さすがにそれは少しおかしいのではないかという話になりました。そのとき以来、次第に使われるようになってきた言葉が「創造的復興」です。

4　創造的復興

　東日本大震災以降、この創造的復興という言葉はすっかり一般的に使われるようになりました。東北地方をおそったこの未曾有の災害では、その復興構想を審議するために「東日本大震災復興構想会議」が設置されました。この会議の議長を務めたのが、当時防衛大学校長だった五百旗頭真（現熊本県立大学理事長）です。五百旗頭先生の主導により、創造的復興という言葉が市民権を得るようになりました。それでは、この創造的復興という言葉はどういう意味合いでしょうか。

　東日本大震災で被害を受けた被災地は、もともとどのようなところだったかご存じでしょうか。被災した多くの地域は、三陸リアス海岸の沿岸です。入り組んだ海岸線で比較的平地が少なく、もともと過疎が進んだ地域が多かったのが東日本大震災の被災地でした。このような過疎地域が大津波に襲われ、住宅はもとより地域の産業まで破壊されてしまいました。こういう被災地について、ただ単に「復旧」しただけでは、人は戻ってきません。単純な災害復旧は、ゴーストタウンみたいなまちを作り出すだけです。それでは意味がありません。ですから、災害復旧にとどまらず、もっ

とこの地域が豊かに人間らしく生き生きと生活できるようにより良く再生することが必要となりました。これが「創造的復興」という考え方です。単なる復旧にとどまらず、もっとクリエイティブに考えて「復興」をしていこうという考え方が創造的復興です。

　さて、公共政策の話に移ります。この創造的復興のために、まずは被災自治体の「財政負担ゼロ」という考え方が生まれました。被災した三陸沿岸の自治体は、その多くがもともと税収も少なく財政規模も小さい過疎自治体です。そういった規模の小さい自治体が大規模な修繕工事、集落の集団移転や高台移転、土地のかさ上げ工事などを行うのは到底無理です。やりたくてもお金が無くてできません。そこで国が打ち出したのが「財政負担ゼロ」です。まずは被災自治体に対して集中復興期間を5年間設けました。震災復興基金を作り、予算について毎年毎年ブツ切りの単年度予算ではなく、何年も続けて使えるようにしました。また、復興交付金や震災復興特別交付税という制度も作り、被災自治体の財政に対して手厚く手当しました。財政力の弱い被災自治体でもきちんと復興のための事業が実施できるように国が保証したわけです。当時、この被災地の復興支援のために特別法が制定され、税金が少し上がりました。また、国家公務員や地方公務員の給料が減らされたりもしました。これらによって、「財政負担ゼロ」のための財源を稼ぎ出したわけです。税金が上がるのは誰でも大変ですが、そうすることによって、そこで生み出された財源を被災自治体に回すことができるようになりました。被災自治体が「お金がないから諦めた。財源不足で何もできません」と泣き寝入りすることなく、ためらわず創造的復興に取り組めるように日本全体で後押ししますという考え方を打ち出したのが「財政負担ゼロ」という公共政策です。

　もう1つ、「復興特区」という制度（復興特別区域制度）も実施されました。地域限定の特例的な取り組みを行う地区を「特区」といいますが、それを導入して復興を加速しようという取り組みが復興特区です。例えば、仮設店舗などの存続可能な期間を通常よりも延長したり、薬局などの一定の面積が必要な店舗について、それを満たさない場合でも支障がないもの

については認めるといった例が挙げられます。被災自治体では、店舗を作る場所もない、既存の施設が津波で全て流されてしまったというところが多く、従来の規制のままでは事業を再開するのは現実的に不可能です。そういう部分を規制緩和し、復興につなげていくのがこの復興特区制度です。

　また、税制上の特例も設けました。税金について、被災した企業などが税金を払うことができずに倒産してしまうのを防ぐため、特別な措置を講じるような特例も設けました。このような手厚い支援をすることによって、東日本大震災の被災地が何としても復興できるように、創造的復興の後押しを日本全体で行ったわけです。これが東日本大震災における災害復興と公共政策の事例です。

5　熊本地震と公共政策

　それでは、熊本地震においてはどうでしょうか。ここからは熊本県における災害復興に向けた様々な公共政策の動きです。

　災害復興の第一歩として、まずは市町村が「り災証明書」を発行します。これは、市町村が出す「この家の人はこういう被害を受けました」という公的な証明です。家が全部壊れて住めない状態になった人は「全壊」の判定を受けます。そこまでなくても、主要な部分が壊れていて大がかりな補修をしない限り住めないというレベルが「大規模半壊」です。損害がひどいけれど補修すればなんとか元に戻るのが「半壊」で、一部だけ壊れたというのが「一部損壊」です。これはどのように判定されるかというと、国が定める「災害に係る住家の被害認定基準運用指針」というものがあり、それに基づいて市町村が行うことになります。り災証明書の発行については、住民からの申請に基づいて行われます。発行を希望する住民が申請をすると、市町村が調査して判定を行い、「あなたのお宅の判定結果はこうでした」という証明書として交付されます。

　では、なぜこの証明書をもらう必要があるのでしょうか。り災証明書の発行を受けると、自分の被害がどの程度だったのかの公的な証明となります。そして、その被害の状況に応じて様々な公的サービスが受けられます。

例えば、住家が全壊や大規模半壊であれば行政が設置する応急仮設住宅に入居することができます（ただし今回の地震では、被害の大きさに鑑みて半壊の方も仮設住宅に入れるということになっています）。また、被災者生活再建支援金等の受給にも、このり災証明書が必要になります。そのため、り災証明書の交付をいつ受けられるのかが非常に重要になります。

　今回の地震ではり災証明書の発行を希望する人は膨大な数に上りました。しかし、市町村の側は一日に発行できる件数に限界があります。市町村は、個別の住宅に一軒一軒調べに行って被害認定を行います。そしてその結果について「あなたの家は半壊でしたよ」などの形で申請した住民に通知します。それをもらった人が判定に納得がいかない場合は、2次調査の申請もできます。1次調査は外観を見て判断しますが、2次調査の場合は中まで入って躯体部分を見て判定を行います。例えば、外見上は被害がひどくなかったとしても、中に入ったら柱が損傷していたりしたら、「ああ、これは大規模半壊かな」などと被害の判定が変わったりします。そのような作業をひとつひとつ行っていきますので、非常に時間がかかります。

　住民としては、このり災証明書の発行が進まないとその次のステップに進めません。仮設住宅への入居ができるのかできないのか、あるいは、もうこの家は壊して建て替えようとか、そういう決断もできません。ですから、被災者としては一刻も早くこのり災証明書が欲しいわけです。しかしながら、今回の熊本地震では、り災証明書の発行がなかなか進まず非常に時間がかかったということが新聞やテレビのニュースで報道され問題になりました。

　通常の地震では3日後ぐらいにり災証明書の発行作業が始まります。20年前の阪神淡路大震災でも、あれほどの人口の市で都市機能が大幅に失われたにもかかわらず、10日程度で証明書発行に向けた作業が始まりました。しかし熊本地震の場合、2週間たっても発行を始められなかったといわれています。遅れた1つの理由は、余震が長く続いて調査ができなかったということです。熊本地震では、2度の震度7に加え、震度5～6クラスの地震が長期にわたって続いたため、災害で倒壊した家屋に近づ

けない時期が続いたことが発行の遅れにつながりました。

　発行が遅れたもう1つの原因は、市町村のマンパワー不足です。特に、震源地となった上益城郡益城町は、隣接する熊本市のベッドタウンとして右肩上がりで人口が増加してきました。2016年4月の時点では3万3千人の人口と、県内の一部の市をも上回るほどの人口がいたわけです。一方で、行政職員の数は、人口が増えたとしてもそれに応じて増えたりはしませんし、同規模の人口を持つ市では置かれている部長などの指導的権限を持つ上位職も存在しませんでした。そのため、災害などの非常時に、激増した住民のニーズに迅速に応えるためのマンパワーが不足していたのです。これは益城町に限った話ではありません。1990年代半ばにピークに達した地方公務員数は、2000年代を通じて一貫して減少を続けています。この時期、日本全国で「公務員バッシング」が起こり、公務員の数を減らしたり給与を減らしたりすることが「改革」であると捉えられるようになりました。その結果、地方公務員の数はどんどん減り続け、現在に至ります。この公務員数の減少が、平常時は問題がなくても、非常時に十分な対応をすることが困難となっている現状を生み出しているのです。

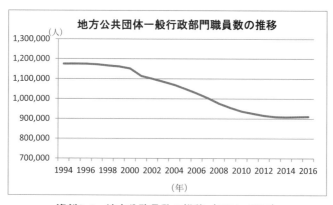

資料3-5　地方公務員数の推移（1994〜2016）

　また、復興に向けた行政の動きの1つとして、応急仮設住宅の建設も行われています。2016年中に16市町村の110カ所、4,303戸が建設されました。

住居が地震で損壊した被災者が申し込むとこの仮設住宅に入居できるということになります。ただし、仮設住宅も空き地がないと建設できません。ですから、行政はまずは空き地を確保してから仮設を作るということになります。東日本大震災のような大規模な災害の際には、なかなか空き地がないので、小学校などの校庭が仮設住宅の建設地になったりしました。県内でも、公園の広場や民有地を借用して仮設住宅が建てられたりしています。南阿蘇村の立野地区のように、地震で生活インフラが破壊されてしまったために地元に仮設が作れず、隣接する町に建てるという市町村をまたいで作るパターンもあります。

　応急仮設住宅についてもう1つ知っていただきたいことがあります。仮設住宅には、民間賃貸を借り上げて行う「みなし仮設」というものもあります。震災発生当初には、住居を失った人が避難所に集まります。これらの方々には、今すぐに住宅が必要なわけです。しかし、仮設住宅の建設には時間がかかるため間に合いません。ですから、早急に住宅を必要とする人たちが他の場所に家を借りたときに、それを仮設住宅と見なして、行政がその分の家賃を補助するという制度もあります。この制度を民間賃貸住宅借上げ制度（みなし仮設住宅）と呼んでいます。一般的に仮設住宅というとプレハブの団地みたいなイメージを思い浮かべますが、みなし仮設とプレハブの二本柱で住宅を失った方々に対する支援が進んでいるわけです。

　ここまで説明してきたとおり、り災証明書の発行と応急仮設住宅の提供というのが被災者支援としての公共政策の第一歩です。さらに別の方向の公共政策としては、インフラ被害や施設の被害の補修があげられるでしょう。

　道路の被害については、国道57号線が立野地区で土砂崩れにより寸断されました。また、南阿蘇村に通じるための阿蘇大橋も崩落し、国道325号線も通行止めになりました。また、県道熊本高森線、あるいは南阿蘇村に通じるもう1つの主要道である俵山バイパスや俵山トンネルも一部が通れなくなりました。このうち、県道はもちろんですが、国道325号なども

通常は県が管理しています。そういう県管理部分の修繕は、本来は県がお金を出して行わないといけません。しかし、これほど大きな被害になると県単独での補修には限界があります。十分なお金もありませんし、職員数も限られているからです。一方で、国の方は都道府県よりもはるかに予算規模が大きく、人員もたくさんいます。さらに、国土交通省や農

資料3-6　嘉島町の矢作川堤防
（出典：熊本県土木部）

林水産省など個別の政策分野ごとに省庁が分かれているため、専門性も高くノウハウも蓄積されています。そのため、今回の熊本地震については、緊急の工事は国が代行して直轄でやるということになりました。これは、国からの都道府県に対する支援の政策の1つです。

　河川でも道路と同じことが言えます。例えば、西原村から益城町を通って流れている木山川、嘉島町の矢作川などは、今回の地震で堤防に亀裂が入り決壊の恐れがでました。実際に木山川は6月の大雨では氾濫していますが、氾濫はまだしも堤防が崩れて決壊すれば大変なことになります。ここも、もともとは県の管理する区間ですが、国がすぐさま県に代わって直轄代行で補修を行いました。

　施設の被害もあります。行政の庁舎をはじめ、小中高校なども大きな被害を受けたところがたくさんあります。建物は無事でも、内部の天井や照明器具など、非構造部材と呼ばれる部分が大きな被害を受けて使えなくなった建物もありました。また、先ほど紹介した熊本城をはじめ、日本赤十字社発祥の地として有名なジェーンズ邸や、国指定重要文化財の阿蘇神社の楼門なども倒壊してしまいました。こういう施設の修繕や建て替えには、大変な費用と期間がかかります。しかしながら、こういったものについてもそのままに放置せず、もっと使いやすく、もっと機能のいいものにしていかないと復興にはつながっていきません。

6　熊本地震と創造的復興

　今後、熊本県はもちろん、熊本市をはじめとする市町村も全てが復興に向けて取り組んでいかなければなりません。そこにはいくつかの壁が立ちはだかっていますが、中でも一番大きな壁は「財政負担」です。

　熊本県が2016年9月に公表した被害額の試算によると、県全体で3兆7,850億円もの被害が発生したそうです。このうち、住宅被害が2兆円以上を占めています。この住宅の被害については、全額ではないにしても、当然行政からの補助や支援が必要になるため、その分の費用が必要になります。また、公共土木施設の被害は2,685億円です。公共土木施設ということは、要するに道路やトンネルや河川、堤防などになります。この部分については、ほとんど全て行政の負担で復興しなければならないでしょう。

　熊本城の被害については熊本市が試算を行いました。熊本城の被害だけで634億円になります。天守閣や国の重要文化財の櫓の補修費、さらには大きく崩れた石垣の修繕などにこれだけかかるという計算になります。

　こういった費用を右から左にポンと出すことができれば苦労はありません。「公共土木施設で2,685億円ですね、はい」というように気軽に対応できればいいですが、残念ながら簡単に出せる金額ではありません。例えば、熊本県が震災の前の年である2015年度に使用したお金の決算歳出総額は7,371億円です（H28.12熊本県財政事情より）。熊本市の場合は、一般会計の決算歳出総額で3,033億円になります（H28.11熊本市の財政情報より）。1年間、熊本県と熊本市がありとあらゆることに使った金額を全部積み上げてもこれぐらいの額でしかありません。この中には、もちろん行政職員や学校の先生たちの人件費、福祉や医療などの社会保障にかかるお金である扶助費、あるいは通常の土木施設の維持管理にかかる公共事業費なども全部入っています。それらを全て合わせても7,371億円とか3,033億円しかないわけです。それなのに公共施設の補修費に2,685億円必要ですと言われても、簡単に出せるはずがありません。この状況は、小規模で財政力の弱い自治体ではもっと顕著でしょう。そのような自治体では、復興どころではなく復旧すら困難になるでしょう。熊本県全体がこの熊本地震の被害

から復旧するだけでも何年もかかります。毎年毎年、通常の行政の仕事にお金を使った上で、そこからさらに地震被害からの復旧に回せるお金がいくら捻出できるかという話になるわけです。

　この状況に対し、当然国も県や市町村を支援しています。先述の河川の堤防や俵山バイパスの直轄代行工事等、限界がある自治体に代わって国が補修を行うような支援は大変ありがたいものです。しかしながら、東日本大震災のように特別法を制定して「地元負担ゼロ」となるような支援をしてくれるかどうかについては、国はそこまでする気はないようです。地震発生直後、あるいは夏の国政選挙の折には盛んに財政支援や特別法の制定がうたわれていましたが、その後は喉元過ぎればという感じになっています。仮に、国の支援がこのまま打ち切られるならば、熊本県や熊本市をはじめ被災地域の自治体はこれから非常に苦しい財政状況に陥るでしょう。わずかずつ、何十年もかかって直していくという状況になるかもしれません。

　「復旧」を超えて「復興」ということを考えるためには、今回の地震で壊れてしまった道路をただ直すのではなく、もっとより良いまちになるように計画する必要があります。交通アクセスについてもよく考え、道路が修繕された暁には、この道路の周辺、そしてその道路の先にある自治体も含めてさらに発展できるような、そういうワクワクする復興をすべきです。それこそが創造的復興というものでしょう。そのためには、それが可能となるような財政支援が必要になります。それをもっと県や市町村は強く求めていくべきでないでしょうか。

　熊本県の災害復興に向けた公共政策として、熊本県が設定している復興方針についても述べておきます。熊本県は、東日本大震災に倣って「くまもと復旧・復興有識者会議」というのを設けました。この会議の座長は、先ほど「東日本大震災復興構想会議」のときにも議長を務めた熊本県立大学の五百旗頭真理事長です。この「くまもと復旧・復興有識者会議」では、被災者の生活再建の支援、そして「創造的復興」が打ち出されました。大きな柱としては、被災者に寄り添う支援、経済の早期かつ革新的な復興、

市町村の枠にとらわれない広域的な再生などが掲げられています。例えば農業については、単にひび割れた田畑を元の通りに戻すだけではなく、きちんと採算の取れる夢の持てるような農業にする必要があります。また、市町村についても「こちらの市町村は被害を受けたので支援します。こちらの市町村は被害を受けていないから何もしません」という話ではなくて、エリア全体として再生していくことを考えるべきでしょう。そして、国に対してやはり東日本大震災レベルの支援を求めていく必要があります。被災した都道府県、被災した市町村を決して見捨てないということを日本の国としての根本的な方針にしていこうという声を熊本から発信していくことが重要になります。県や市町村は、今後とも国に是非働きかけていくべきでしょう。

　これが今現在の熊本の状況です。これをお話ししている時点で、まだ熊本地震が起こってから１年も経過していません。東日本大震災は、地震が起こってからもう５年も経っていますが、未だに復興の途上にあります。熊本地震についても、創造的復興の動きが始まったばかりです。そんな中、これからの復興の方向性を最後に皆さんにお示ししておきましょう。

　「自助・共助・公助」という考え方があります。「自助」は、自分の身は自分で守るということです。「共助」は、共に助けるですから、地域で助け合うということです。そして、「公助」というのは、行政が主体の救援のことです。この自助・共助・公助のうち、どれが一番重要だと思いますか。

　我々一般住民は、災害、防災・減災、あるいは災害復興というと、すぐに公助に期待してしまいます。しかし、公助だけで復興が全てできるわけではありません。もちろん、道路の舗装を直したりトンネルを修繕したりすることは、普通は民間の人たちにはできません。だから、その部分は行政がやることになります。しかし、行政が公共政策により補修を行った後で、その先どのようにまちづくりをしていくか、一度熊本地震によって力を失った地域にもう一度力を取り戻し、豊かなまちづくりができるようにするためにはどうすればいいか、それは行政だけが考えることでしょうか。

このような事柄は、行政だけが考えるのではなく、住民が知恵を出す部分もあるでしょう。
　創造的復興を担うのは、決して行政だけではありません。行政にお任せでおんぶにだっこでは、本当の意味での創造的復興にはつながらないでしょう。都道府県や市町村が復興に取り組むのは当然ですが、それだけにとどまらず、自治会等も、NPO法人も、ボランティアも、そして地域住民の皆が関わってこそ、はじめて創造的復興になります。
　熊本地震における災害復興はまだ始まったばかりです。そういうタイミングだからこそ、我々はこれからの熊本県の復興の方向性について考えなければなりません。今回の公共政策という行政的な視点だけではなく、ビジネス、情報、地域福祉などの様々な視点から多面的に復興を捉えていくこと。そのような総合管理学的な災害復興が求められるのではないでしょうか。

第4章 震災後の経済状態の動向と経済学的考察

震災後の経済状態の動向と経済学的考察

本田　圭市郎

　中心部近くで発生した熊本地震では、多くの人的・物的被害が発生しましたが、これまで日本各地で発生した大地震の経験を生かし、日本政府と地方自治体を中心として多くの緊急措置や復興対策が計画・実施されました。震災発生直後の緊急的な措置は、考えうる限りの策を尽くし、人命や生活の維持を最優先に行動すべきであり、実際にそうなっています。一方復興期では、金銭や時間、人員に限りがあるため、それら全ての復興対策を行うのは不可能です。そこで、起こりうる被害やその大きさを事前に検討し、優先順位をつける必要があります。

　そこで、この章では経済学の考え方を応用し、震災発生に伴う経済的な影響を理論と現実の両面から考察していきます。金銭や時間、労働力が有限であるという考えのもと、人々や企業の意思決定メカニズムを考えるのが経済学です。まずはこの理論的な考え方に基づき、どのようなことが起こる可能性があるのかを検討していきます。また、理論に基づく可能性のうち、実際にどれが深刻であり、どれに対処すべきかを検討する必要があります。この点については、統計データの確認や統計的手法を用いた研究を応用することで考察していきます。

　熊本地震による経済的な影響については、執筆している2017年1月時点ではまだ一部継続している、あるいは情報が揃っていないことから十分な検証が行えません。そこでこの章では、熊本地震と同様あるいはそれ以上の震災であった、東日本大震災のデータや研究成果を活用して議論していきます。東日本大震災は、被災地域が首都圏を含む広範囲であり、かつ原発事故を誘発したなどの特異性から、人間行動や企業行動のメカニズムを解明するという経済学的な研究も数多く行われました。中でも、斎藤(2015)ではそれら研究を包括的にまとめており、熊本地震にも活用でき

る知見が多くあります。以下では斎藤（2015）で注目された視点を紹介しながら、熊本地震ではどうか、という流れで進めていきます。

　それでは、震災によって経済のどのような点に影響が発生するのでしょうか。ここでは、消費者である家計への影響と、生産者である企業への影響に分け、まずは家計への影響を考えていきます。震災発生直後は、生活インフラや食料などの生活に直接影響する業務を除き、多くの企業活動は停止し、ほとんどの人々は家計として生活の維持と立て直しを図ります。その期間、発生後数日から1～2週間、1カ月程度の家計への経済的な影響を見ていきましょう。

　震災直後、家計は生き残るため、生活を安定させるために、食料などの生活物資を多く確保をしておきたいと考えるでしょう。一方でスーパーなどの小売店は、設備の一部損壊や流通がままならないといった理由で十分な数の商品を提供できません。ミクロ経済学の理論的には、消費者の購入したい気持ちである需要と、小売店などの企業（生産者）が製品を提供で

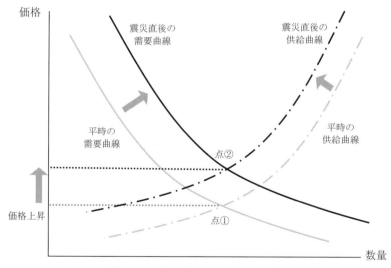

資料4-1　震災直後の需要と供給、価格の変化

きる量である供給のバランスにより、価格と実際の取引数量が決まると考えられています（資料4-1）。消費者は、価格が高ければあまり商品を購入したいと思わない、つまり需要は少なく、価格が低ければ需要は多くなるため、右下がりの線で表現されます（需要曲線）。一方生産者は、価格が低いほど提供できる数量が少なく（採算がとれる企業数が少なくなると考えることもできる）、価格が高いほど多くなるため、右上がりの線で表現されます（供給曲線）。その一致するところで実際に取引が成立し、価格と数量が決まります（資料4-1-点①）。

　つまり、震災発生により人々や企業の需要・供給行動が変化することで商品の価格や数量が変化することが考えられるわけです。消費者の需要については、通常と同じ価格でも普段より多めに確保したいと考えるため、需要曲線は右方へシフトします。一方、生産者は、通常と同じ量の商品が提供できないため供給曲線は左方へシフトします。その結果、販売数量の変化は不確実ですが、価格の上昇圧力が発生することがわかります（資料4-1-点②）。

　この価格上昇の圧力は自然発生的であり、やむを得ないものですが、震災直後では市民の生活や生命に直結するため市場経済に介入してでも行政によるコントロールが必要となります。より高い価格を支払える人だけが物資を購入できる、つまり所得の多い少ないによって生活に必要な物資の入手に格差が発生しそうであれば、行政は機会を均等にするために配給や価格制限といった対策を検討する必要が出てきます。実際に熊本地震でも、物資の配給等が行われました。

　では、実際の価格はどのように動いたのでしょうか。資料4-2は、2015年以降の食品価格の動きを熊本市と全国平均で比較したグラフです。前月に比べて何パーセント変化したかという指標であり、0を上回っていれば価格上昇、下回っていれば価格低下と読めます。震災発生直後である4月から5月にかけては、大きな価格の上昇は発生していないことがわかります。その後、6月あたりから全国平均とは異なる価格の上昇が見られますが、それほど大きくなく、短期間で収まっています。

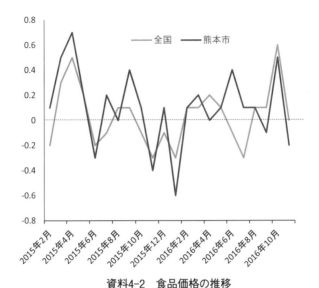

資料4-2　食品価格の推移
（出典）総務省統計局「消費者物価指数」（2015年基準）より筆者作成

　同様のケースとして、東日本大震災の例を見てみましょう。東日本大震災による価格の変化について詳細な分析を行った森口他（2015）によると、2種類の価格への影響が発生しました。1つは、「値引き」や「特売」をとりやめる、という形での値上げです。資料4－2で用いている政府統計である消費者物価指数は、その情報収集の都合上、値引きや特売などの影響が考慮されておらず、そこが変化したとしても数値に現れません。森口他（2015）では、POSデータという実際に支払った価格のデータを用いることで、値引きや特売等をとりやめる形で値上げが発生していることを明らかにしています。つまり、値上げといっても本来の価格以上に上がるという影響は持っていないわけです。もう1つの影響は、便乗値上げへの批判や「1人何点まで」という数量制限といった、価格上昇の圧力を抑える効果です。いずれの影響も、熊本地震で同様に発生し、結果として急激な価格の上昇は抑えられていると考えられます。

　つまり、経済理論から導き出される1つの懸念事項として、価格の上昇

という問題が考えられますが、行政の対応や社会的な協力体制により、それほど大きな問題になっていないことがわかります。では、震災直後の家計の直面する経済状態に対しては、今後も同様の対応でいいのでしょうか。

　熊本地震の際、身近なところから「物資は十分に手に入った」「スーパーで並んで買い込んだ」というものと、「食料がなくて困っている」「周りの人に融通してもらって助かっている」などといった両極端な声が聞こえてきました。行政としては、このような格差は可能な限り減らしていかなければなりません。このような、購入した・していないの違いは、平常時であれば価格の高さとそれを支払う所得の差で説明できます。しかし震災直後でも、スーパーなどの商品の価格は、上記のように平常時と比べても比較的安定しており、所得の多寡の問題ではなかったと言えます。そこで改めて購入できなかった人の理由を聞いてみると、「値段が高くて買えなかった」ではなく「時間がなくて買えなかった」「スーパーに行けなくて買えなかった」という声が多かったことが思い出されます。これは経済学的には、機会費用による格差だと考えられます。

　機会費用とは、何か行動をすることで間接的に失っているものがある、という経済学特有の考え方です。例えば、大学の講義に対する費用は、通常は直接支払っている学費のうち1時間分と一般的には考えられますが、「もし授業に行かずにアルバイトをしていれば得られたであろう数百円」を手放して講義を受けており、この損失も大学の講義の費用として捉える、というのが機会費用という考え方です。

　震災後の家計の行動でポイントになるのは、「買い物に行く」という行動の機会費用です。学校が休みになって時間がある学生が代わりに行ってくれるような世帯であれば、買い物に行くことの機会費用はほぼありませんが、全員が働いているような世帯の場合は、この機会費用が大きく、容易に買い物を選択することができません。この機会費用には、実際の金銭以外にも、周りの人からの評価を失う、精神的・身体的負担がかかる、といった金銭で表現できないものも含むことに気を付けると、よりイメージしやすいと思います。高齢者については、身体的負担という機会費用が大

きく、同様に買い物が難しいと考えられます。前述の森口他（2015）では、震災後の物資の確保に対して、本当にこの機会費用の格差が影響しているのかについても検証しています。東日本大震災では、平常時よりも多くの食料を購入できた世帯とそうでない世帯に二極化する傾向が見られ、その要因として機会費用の差が実際に影響していることを、統計データを用いて統計的に明らかにしました。

以上から、震災直後の家計に対して、今後は機会費用の格差に注目した支援を行うべきだと考えられます。価格面での影響は比較的小さく、現状の対策は十分に有効であると言えます。一方、機会費用の違いによる影響は、その把握の難しさからも、十分にケアできているとは言えません。そのため、このような問題を念頭に置き、事前に購入機会が均等になるような仕組みづくりを考えておくことも重要です[1]。

続いて、生産者である企業への影響を見ていきましょう。この文章の執筆時点である2016年末の時点では、消費者の生活は比較的落ち着き、また、問題点も概ね浮かび上がっていますが、企業への影響については、まだ分かっていません。企業の行動は1年を通して評価され、その結果その後の生産活動や投資行動が変化すると考えられます。また、家庭よりも大規模な修繕や計画の立て直しが必要であり、こちらも比較的長期間かかります。そこで、ここでも東日本大震災の企業行動を参考に、分かっている情報から熊本地震での影響を考えてみたいと思います。

熊本地震でも、多くの企業が震災により生産設備を失い、生産活動に大きく影響しました。規模の大きな企業については、その動向がメディアで報道されています（資料4－3）。

注
1．消費者への数カ月から数年にかけての影響として、消費が低迷するといった可能性もあります。郡司他（2015）では、恒常所得仮説という経済理論に基づき、東日本大震災によって、人々は今後の所得が2～3％ほど低下すると予想し、それに伴い消費を減らしていることを明らかにしました。熊本地震ではこの点について考察することができないため本章では割愛していますが、興味のある方はそちらをご覧ください。

資料4-3　熊本地震による大企業の被害・復旧状況

企業名	損害状況	その後の状況
ルネサス	生産設備配置ズレ、一部部品破損	2016年4月生産再開 2016年5月完全復旧
ホンダ熊本	二輪車組立工場等の建屋・生産設備損害	2016年5月生産再開 2016年9月完全復旧
化血研	製造施設損害、水漏れ・浸水	2016年6月生産再開 2016年9月完全復旧
ソニー	上層（組み立て、カメラモジュール）損害 下層（半導体ウェハ工程）損害なし	2016年7月生産再開 2016年10月完全復旧
HOYA	クリーンルーム、精密機器損害	生産体制を再編し、熊本工場での生産業務終了。技術開発拠点として再開予定。

（出典）各企業HP、産経新聞、日刊工業新聞記事等より筆者作成

　ほとんどの企業は、2017年1月時点では生産再開あるいは完全復旧を果たしており、年度内の業績を例年並みへ回復させるよう稼働をしているようです。一方、レンズやコンタクトを生産しているHOYAは、震災による損害を受けた生産設備の立て直しではなく、撤退と他地域への移転を決断しました。熊本工場そのものは技術開発拠点として再開予定ですが、生産業務は終了することから、工場規模縮小に伴う雇用等への影響が懸念されます。この生産業務については、台湾、韓国、東京八王子へ移管されます。

　HOYAの例のように、震災により企業が撤退・移転してしまい、それによって雇用・地域経済への悪影響が想定されます。企業の撤退・移転について、東日本大震災ではどうだったのでしょうか。被災6県（青森、岩手、宮城、秋田、山形、福島）の約6万社のデータを用いて、震災前後数年間の企業の立地行動を分析したOno et al.（2014）によると、企業が被災後に移転するとしても、既存の販売先や金融機関の取引店舗が所在していた地域に引き続き立地する可能性が高くなります。逆に、販売先や金融機関の取引店舗も同様に被災し撤退・移転してしまった場合、移転企業

がそのままその地域に残る確率は大きく減少します。つまり、震災後の企業の立地については取引先と金融機関の存在に依存し、撤退・移転する企業が多いほど、他の企業の移転が連鎖的に増加していくと言えます。

　幸い、熊本地震は建屋や道路等のインフラに大きな被害を与えたものの、家庭や企業、金融機関が移転せざるをえないほどの大きな影響は受けていないと考えられます。一部企業が移転を検討したとしても、上記のようにこれまでと同様の取引の継続が期待できるので、今後も大規模な企業の撤退・移転は起きないのではないかと考えられます。ただし、上述したHOYAの撤退により、HOYAとの取引企業は廃業・撤退の可能性に直面しますので、このようなケースに集中的に対策を検討する必要があります。

　また、撤退・移転には経済学的に固定費用と呼ばれるものも影響していると考えられます。ミクロ経済学では、生産に伴う費用を可変費用と固定費用に分類します。可変費用とは、生産すればするほどかかる費用のことであり、例えば材料費等が挙げられます。一方、固定費用とは、工場や設備の建設など、生産量に関わらず固定的に必要な費用のことです。この固定費用は、企業活動をやめてしまうと大部分が損失となってしまい、これが企業の撤退や移転を引き留める理由になっています。逆に、震災によって工場や建物などが大きく被害を受け、再度多額の固定費用を支払う必要が出てくれば、企業は無理に同じ土地で再開する必要がなく、より効率的な地域を探すきっかけになってしまいます。

　東日本大震災のケースでは、津波浸水地域や原発近隣地域など、修復不可能なレベルで設備や建物に被害を受け、再度固定費用を支払う必要があるところでは、移転企業が非常に多くなりました。上述のように取引先も同時に失っているので当然ではありますが、再度固定費用を支払うのであればより効率的な立地へ移転する、あるいは固定費用を賄えそうにないと判断すれば廃業を選択しているわけです。

　資料4－3の大企業のうち、HOYA以外の企業については修繕の費用よりも移転に伴う固定費用の損失が大きいため、移転せずに生産継続をしていると考えられます。一方HOYAについては、設備被害が大きいため、

より効率的な地域へ移転してしまいました。今後、取引先や金融機関が無事でも、この観点から撤退・移転を検討する企業が出てくることが考えられます。うち、移転の場合であれば、取引先や金融機関を継続させるため上記のように移転したとしても近隣であり、熊本経済への影響はそれほどないと期待できます。つまり、震災による固定費用負担の増加により廃業を選択してしまう可能性に対し、特に行政からの継続的なサポートが必要であると言えます[2]。

ここまで、経済学的な考え方と、データを用いてそれらを検証した研究成果を紹介しながら震災の経済的な影響を考察してきました。家計が直面する影響としては、価格の上昇が発生し所得の違いにより物資の購入に格差が発生してしまうことと、機会費用の違いにより格差が発生してしまうことが理論的に想定されます。前者に対しては、有効な対策と社会的な自律作用によって防がれているものの、後者に対しては格差が是正されているとは言い難く、熊本地震でも多くの世帯が苦労していたことでしょう。企業が直面する影響としては、企業が撤退・移転してしまうことが想定されます。企業は、取引企業や金融機関という仕事相手、建物や設備といった固定費用の存在により長期的に同じ場所で営業し続けることが合理的です。しかし、それらが震災によりなくなってしまい再度構築しなおさなければならないのであれば、より効率のよい地域を探すきっかけとなってしまいます。行政としては、この固定費用のサポートという形で可能な限り企業の流出を防ぐことが、そこから連鎖的に企業が退出することを防ぐことにもつながります。

注
2. ここで扱っている撤退・移転以外に、企業が負債を返済できなくなる「倒産」という形での休廃業の可能性も考えられます。内田（2014）では、東日本大震災では企業に対する負債の返済延期や債務負担の軽減などを行う金融機関が多く、また公的な補助金制度もあり、資金繰りはそれほど大きな問題にならなかったことが指摘されています。熊本地震でも、公的な補助金や金融機関などのアナウンスが多くなされていたため、資金繰りの悪化による倒産を防げたと期待されますが、今後検証していく必要があるでしょう。

特定の人や企業のみに対する支援は批判の対象になり、その線引きの難しさからも過剰に平等な対策となりがちです。必要なところに必要なだけの支援を行うためにも、どこに重点を置くべきか、上記のようなメカニズムを明らかにしておくことが重要です。また、今後同様の震災が発生した場合に備え、十分でなかったと考えられる問題への対策を行政や社会で考えておく必要があります。

【参考文献】
1）内田浩史（2014）「東日本大震災と企業退出—企業データベースの分析」『経営研究』No.60, 1 - 35頁
2）郡司大志・齊藤誠・宮﨑憲治（2015）「東日本大震災の家計消費への影響について：恒常所得仮説再訪」齊藤誠（編）『大震災に学ぶ社会科学　第4巻　震災と経済』第3章、71-100頁
3）齊藤誠（2015）『大震災に学ぶ社会科学　第4巻　震災と経済』、東洋経済新報社
4）森口千晶・阿部修人・稲倉典子（2015）「東日本大震災が消費支出と物価に与えた短期的影響：高頻度データによる実証分析」齊藤誠（編）『大震災に学ぶ社会科学　第4巻　震災と経済』第2章、33-70頁
5）Ono, A., D. Miyakawa, K. Hosono, H. Uchida, T. Uchino and I. Uesugi（2014）"Transaction Partners and Firm Relocation Choice: Evidence from the Tohoku Earthquake," RIETI Discussion Paper Series 14-E-054, pp.1-45

| 第5章 | 震災復興を支援する
ICT の可能性

震災復興を支援するICTの可能性

小薗　和剛

　本章では、ICT（Information Communication Technology：情報通信技術）を震災復興にどのように役立てていくかを、実際の熊本地震で課題になっている事例を中心に解説したいと思います。

1　交通インフラの充実に向けた方策

　資料5-1は、6月28日の熊本日日新聞朝刊に掲載された記事です。

資料5-1　熊本日日新聞（平成28年6月28日）

内容は、益城町に整備されたテクノ仮設団地において、入居予定者による辞退が相次いだというものです。原因は、交通の便の関係で買い物や通学などに不便が生じるためということでした。この記事を、ICTという視点から見たときに、どのような解決策があるのかということを解説していきたいと思います。
　記事を見てもらうと、様々な課題が書いてあると思いますが、根本的な課題としては買い物や通勤が距離的に遠く、不便であることが挙げられます。記事内では、仮設団地から益城町役場などの主要な行先に対して、シャトルバスが1時間に1本しか出ていないと書いてあります。
　ICTを使って距離的な不便さを解決する手段として、1つの事例を紹介したいと思います。現在、主に海外で利用されているタクシーなどの配車アプリにUber（https://www.uber.com/ja-JP/）と呼ばれるものがあります。これはどういったアプリかといいますと、ある人がA地点からB地点に行きたいときに、現在地と行先をアプリ内で登録をすると、タクシーを自動的に配車してくれるというものです。今の地点からある地点に行きたい場合、だいたいこれくらいの金額になりますよという金額も表示してくれるので便利です。現在、日本国内ではタクシーの配車に限られて利用されていますが、海外では一般の人が運転する自動車も配車の対象となります。
　自動車を運転している人と自動車に乗りたい人がそれぞれUberを持っていた場合、行先が同じならば両者をマッチングすることができます。もし、A地点からB地点に行く自動車があれば、運転手はA地点で利用者を乗せてB地点まで連れて行く、そして利用者から謝礼を頂くという仕組みです。
　先ほどの益城町の事例に戻りますと、仮設住宅の近くを通った車が熊本市街に行くのであれば、仮設住宅の利用者を乗せて通り道のショッピングセンターなどに送って行くことが可能になります。帰りは、仮設住宅がある空港方面に向かう車を利用できます。Uberをそのように使えると、バスの本数が少ないなどの問題は解決するのではないかなと思います。

Uberは非常に便利なアプリですが、実は海外では論争が起こっています。タクシー事業者以外の人が利用者を乗せていくということになると、こういった業界の人たちは非常に厳しい立場に追い込まれます。そのため、タクシーなどの業界団体は、Uberの利用に反対しているのです。

　日本では、安全などの視点から、許可を受けた事業者以外がこのような乗り合い行為を行うことは法律で規制されています。ただ、今回の仮設団地の課題を考えたときに、例えば被災した地域であれば法律を時限的に緩和できないでしょうか。Uberを使って相乗りをできるようにするなどの仕組みを作れば、時限的ですが、ほとんど資金をかけずに交通の便に対する課題を解決できるのではないかと思います。

　もう1つ交通の便を解決する方策として、人工知能（AI）による自動運転技術が挙げられます。現在、各メーカーがしのぎを削って開発している人工知能による自動運転が今後急速に普及することが予想されています。

　先ほどの益城町の事例では、最終的にコストをどうするのかという議論になります。1時間に1往復というシャトルバスを、1時間に2往復、3往復にすると利便性は向上しますが、バスを運行するためのコストが単純に計算しても2倍3倍に増えてしまうわけです。

　一般的に言われていることは、コストの中で最も高くなるのは人件費であるということです。もし、バスの運転を人工知能による自動運転に置き換えることができれば、人件費のコストを抑えて、2台目3台目のバスを運行する費用にまわすことができるかもしれません。

　ただ、人工知能を利用するためには法整備が追い付いていません。そこで、人工知能による自動運転特区のような仕組みを熊本に導入することができると良いかもしれません。そのような特区にしてもらうことで、熊本が各企業による技術開発の実証先進地になり、企業から間接的な支援を受けることが可能になるのではないかと思います。

　先進的な情報技術を活用するためには、法律の整備をどうするのかということを議論していく必要があります。

2 復興に向けた資金の調達

これまでお話ししてきましたバスの問題に限らず、様々なプロジェクトを実施する上では、資金をどこから調達するかという問題が必ずついて回ります。もし、皆さんが震災復興プロジェクトなどを実施する場合、どのように資金を調達するでしょうか。これまで出てきた公共交通機関の場合、まず考えられるのは補助金という話になるかと思います。補助金が出れば、それを使ってバスの本数を増やすといったことができるでしょう。

次に考えられるのが、銀行など金融機関からの融資です。皆さんもご存知の通り、国や地方自治体の財政は非常に厳しく、様々な事業を補助金ばかりに頼っていては、早晩行政組織は破綻してしまいます。そのような点を考慮すると、金融機関など民間の力を借りることも必要となります。

そして、もう1つの資金調達方法として寄付があります。例えば、熊本県や県内各市町村には、義援金などの様々な支援が届いています。そのような財源を、復興に利用することが考えられます。

これまで説明したように、従来型の資金調達方法（補助金、融資、寄付）を挙げてきました。これらに加えて近年注目されている資金調達方法として、クラウドファンディングが挙げられます。クラウドは、英語で「雲」という意味ですが、もう1つ「インターネット上の」という意味があります。クラウドファンディングは、インターネット上のファンディング、つまりインターネットを利用した資金調達という意味です。

このクラウドファンディングの仕組みを説明すると、インターネット上のクラウドファンディング募集サイトで、こういったプロジェクトをやりますよということを、目標額を含めて表明します。資料5-2は、FAAVOというクラウドファンディングのホームページですが、このようなサイトで出資者を募ります。こういったプロジェクトを実施します、こういったサービスを提供しますと言うと、それに賛同してくれた人たちがネットを通じて資金を出資してくれる、それがクラウドファンディングの仕組みです。もちろん、出資ですのでプロジェクトの成果を何らかの形で出資者に還元しないといけません。それは、利益の配当であったり、出

資をもとに開発した製品の提供であったりするかもしれません。

これまでは、金融機関からの融資や株式などを通じて会社などの法人を運営するのが一般的でした。しかし、個人で何らかのプロジェクトを実施するとなると、途端に資金調達の敷居が高くなってしまいます。金融機関などから個人のプロジェクトに対する融資を受けるのは、かなり難しいのではないかと思います。

このクラウドファンディングが金融機関と大きく違うのは、個人で実施するプロジェクトにも資金を集めることができるという点です。

資料5-2　FAAVO（クラウドファンディング）HP

FAAVOのサイトを見ると、熊本地震に対して全国の様々な人たちがプロジェクトを立ち上げて出資者を募っています。例えば資料5－2の左下のプロジェクトには、175万円ぐらい集まっています。その他数万円から数十万円まで、金額やその集まり方はそれぞれですが、何かプロジェク

トを実施したいというときに個人で資金調達することが可能です。

　仮設住宅の例で考えると、不足する分のバスを自分たちで運営していこうといったときに、このようなクラウドファンディングを使って資金を集めることが考えられます。

　この場合、出資者は見返りを期待できないかもしれませんが、あらかじめ寄付や義援金という形で出資してもらうことを明言することもできます。補助金や公的機関を通じた義援金は、使い方が制限されたり、一律に分配されたりと、個人のプロジェクトには利用できないことが多いと思います。

　一方、クラウドファンディングを利用して全国の人たちに呼びかけることにより、復興の現場で頑張っている個人やグループに対して、本当に必要な資金を直接届けるチャンスが生まれてきます。さらに、震災復興を含め、将来的に自分が何か事業をやりたいときも、クラウドファンディングの利用を考えても良いかもしれません。

3　見守りや心のケア

　資料5-1の後半には、高齢者などに対する見守りの必要性が書かれています。震災が起きて、従来住んでいた地域からまったく違う地域やコミュニティーに入らざるを得ない場合、引きこもりや孤立などの問題が起こります。

　また、資料5-3では、県内で約3,600人の児童生徒たちの心の

資料5-3　熊本日日新聞（平成28年5月31日）

ケアが必要だと書かれています。これに対し、400人のスクールカウンセラーが見回りを行うことが計画されています。

　このような事例から、震災後いかに被災者が孤立しないようにするのか、心のケアを充実させるのかという点が重要になってきます。被災者の普段の生活基盤が整わないと、復興への道は遠のきます。怪我であれば、見た目でその軽重を判断できますが、心の動きは見た目で判断することができません。健康だと思っていた人が、実は深く悩み、無理をしていたという事例は多々あります。

　心のケアの難しい点は、無理をしている人をどうやって判断するかという点にあると思います。定期的にカウンセリングなどを行っても、当事者が本当の感情とは正反対のことを言えば、それを見破ることは至難の技です。普段の何気ない動作や言動を見ていないと、小さな変化に気づくことはできません。小さな変化に気づくことが、心の病を早期発見する第一歩につながります。しかしながら、いくら優秀なカウンセラーでも、一人の人にかかりっきりになることはできません。

　そこで、高齢者の見守りや普段の何気ない変化を早期に発見する手段として、人工知能とロボットの活用が考えられます。近年、新たな理論の提唱や技術革新により、人工知能が普及の兆しを見せ始めてきました。既に、各種業務に人工知能を利用するなど、企業を中心に導入が進んでいます。また、高齢者が入所される施設では、ペット型ロボットを活用した見守りなども実用化されています。人工知能だけでは無機質になるやり取りも、ロボットを組み合わせることにより、親近感が湧き、利用者がより身近に感じる見守りの機能が実現できるでしょう。

　また、人工知能を利用することで会話ができるようになるため、児童生徒の心のケアなども行えるのではないかと思います。児童生徒は、会話をすることによって自分の感情を表現し、自分自身を見つめなおすことができます。その中で、児童生徒が抱える問題を把握し、必要なケアにつなげていく第一歩になるでしょう。さらに、人工知能を利用することにより、児童生徒個人だけではなく県内全ての小中学生の傾向を把握することもで

きます。全体の傾向を見ながら的確な支援を打っていくことができれば、より効率的な心のケアを実現することができるかもしれません。

4　教育への支援

　資料5-4は、6月29日に熊本日日新聞に掲載された記事です。よく見ると、大きく間仕切りされた体育館の中で、複数のクラスが一斉に授業を行っています。記事内にも書かれていますが、隣のクラスの声が聞こえてきますし、雨漏りなどもしている。教育環境としては、非常に厳しい環境での授業が実施されていることになります。現場の先生方も、工夫と苦労を重ねて授業を実施されていると思いますが、このような集中できない環境では将来的に学習面での遅れに結びつくかもしれません。熊本地震の発生から、学校によっては1カ月近く授業が遅れてしまった状況に加えて、このように厳しい環境での授業は児童生徒の学習面でのサポートが必要になると考えられます。

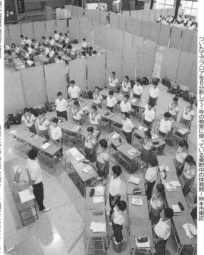

資料5-4　熊本日日新聞（平成28年6月29日）

資料5-5　gacco HP

　このような学習サポートの面でもICTを活用する余地があると思います。1つの事例として、MOOC's（Massive Open Online Course）と呼ばれるICTを活用した学習の仕組みを挙げたいと思います。このMOOC'sは、世界的な規模でICTを使った授業を展開しています。MOOC's上には、世界トップクラスと言われるハーバード大学やスタンフォード大学などをはじめ、様々な大学が授業を無料で公開しています。日本でも、東大などが講義を公開しており、資料5-5に示すような日本語の専用サイトgacco（http://gacco.org/）が用意されています。

　MOOC'sの学習コンテンツを熊本県内にある小中学校の授業にすぐに活用するということはできませんが、将来的な震災に備え同じような仕組みを作っておくことが必要であると思います。県内だけでなく、将来他県で震災が起こった場合でも、これらの仕組みを整備しておけば、スマートフォンや家庭のコンピューターを使って学習を進めることができます。教育を通じて、支援を行うということです。

　震災からの復興は、人がいなければできません。さらに、より良い人材の確保が必要不可欠です。教育は、すぐに震災復興に役立つものではあり

ませんが、将来的に復興が軌道に乗った際に、人材が不足すると道半ばとなってしまいます。数年先を見据えた教育の議論が今後必要になると思います。

　近年の急速な技術進展により、ICT は私たちの生活に無くてはならないインフラとなりました。これまでできなかったことが、ICT を利用することでできるようになる社会が到来しています。災害の発生時においては、スマートフォンを中心に安否確認に利用され、必要な情報を収集する手段として活躍しました。
　本章では、ICT を活用した震災復興について解説してきました。すぐに取りかかれるものから、環境や法律の整備、予算が必要なものまで様々な提案があったと思います。ICT は、人間の能力を増大し、物理的な距離や時間に関係なく活動を広げられる強力なツールです。今後の技術進展により、ICT は災害発生時や復興にますます活用されることが予想されます。読者の皆さまも、ICT を災害や復興にどのように活用できるか、一緒に考えてもらえればと思います。

おわりに

金井　貴

　熊本県立大学の1年生は、入学して間もない時期に熊本地震に遭遇しました。特に、県外からの学生は、熊本に来たばかりで、友人もこれからつくっていくという矢先での被災となりました。大変心細かったでしょうし、保護者の皆さまも我が子の安否に大変気をもまれたことと思います。幸い、前震を受けた段階で、県外からの多くの学生が自宅に帰省していましたが、それでも熊本に残った学生は本震を経験することになりました。

　多くの学生が大学にも避難してきましたが、同時に近隣住民も同じく大学へ避難されてきました。本学では、防災・減災に関する各種教育を実施していますが、今回の地震で学生がそれらの知識を生かし、学内における避難所の運営などに率先して取り組んだことは、1つの大きな成果ではなかったかと考えます。

　初めて経験する震災の中で、手探り状態での運営は不十分な点も多々あったと思います。そのような状況下でも、学生は共助（共に助け合う）の精神から率先して避難所運営に当たりました。そこでは、避難者の皆さんから多くの温かい励ましの言葉もいただきましたが、また一方でトラブルが生じたこともありました。その他の避難所でも、運営体制の未整備からくる各種トラブルが報告されています。

　このような状況を改善するためには、避難所開設の初動における体制を見直す必要があると考えます。特に、避難所に集まってきた避難者全員が、より良い避難所の運営に参画する意識を持って、それぞれに何らかの役割を担ってもらうような組織体制の整備が重要です。そのためには、普段の生活の中で、すべての住民や社会が共に助け合う共助の精神を醸成していくことが必要でしょう。

　本ブックレットは、1年生に開講されている講義において、4コースの

教員が、公共・ビジネス・ICT・福祉の視点で熊本地震の復興に向けた解説・提言を行った内容を中心に構成されています。2014年度にも1年生を対象に防災・減災という内容で講義を行いましたが、そのときとの違いは、学生自身が震災を受けた経験があるかどうかという点です。様々な知識をもっていたり、立派な提案を行っても、それらが実社会で役に立たなければ机上の空論になってしまいます。

　今回の1年生の講義では、2014年度の講義と違って、学生の積極的な姿勢を垣間見ることができました。あの震災を経験したからこそ、知識だけでなく、それをどのように活用するかという視点が養われたのだと思います。

　私たちはその生涯において、甚大な被害をもたらす震災を経験しなくてすむのであれば、それにこしたことはありません。しかし、今回の熊本地震を経験した以上は、その経験を後世に伝えていく責務があります。特に本学は、平成26年度から文部科学省が推進する「地（知）の拠点整備事業（大学COC事業）」の採択を受けています。今回の熊本地震を受け、各学部の教員が本事業からの支援を活用し、被災地などのフィールドに出て、各種調査や研究を行っています。本ブックレットの出版も、その一環となります。

　熊本地震の発生から、まもなく丸一年が経とうとしています。私たちは、震災復興という新しいステージの中で、熊本県が目指す創造的復興を支援していくとともに、震災の経験が風化しないよう記録に残し、学んだことを体系化し、来る次の震災に生かしていく必要があります。また、新たな世代が、震災という非日常の中でも自ら考え行動できるよう育てていかなければなりません。熊本地震の復興には長い年月がかかるかもしれませんが、それがなった暁には、その軌跡をあらためてブックレットとして皆さまに報告できればと思います。

著者一覧（50音順）

金井　貴（かない　たかし）　専門分野：知識と推論
1999年3月 北陸先端科学技術大学院大学 情報科学研究科 博士後期課程修了。博士（情報科学）。1999年4月 北陸先端科学技術大学院大学 知識科学研究科 助手、2004年4月 明治学院大学 法務職研究科 助手、2007年4月 熊本県立大学 総合管理学部 総合管理学科 准教授、現在に至る。

小薗　和剛（こぞの　かずたけ）　専門分野：教育情報工学
2005年3月 熊本大学大学院 自然科学研究科 博士後期課程修了。博士（工学）。2006年4月 八代工業高等専門学校（現熊本工業高等専門学校八代キャンパス）情報電子工学科 助教、2008年4月熊本県立大学総合管理学部 講師、2010年4月 同准教授、現在に至る。

澤田　道夫（さわだ　みちお）　専門分野：行政学（自治行政）、参加・協働論、総合管理論
2009年3月 熊本県立大学大学院 アドミニストレーション研究科 博士後期課程修了。博士（アドミニストレーション）。1993年4月 石油公団、1996年4月 熊本県職員、2010年4月 熊本県立大学 総合管理学部 准教授、現在に至る。

本田　圭市郎（ほんだ　けいいちろう）　専門分野：計量経済学、国際貿易論
　　　　　　2012年3月 大阪大学大学院 経済学研究科 博士後期課程修了。博士（応用経済学）。2012年4月 大阪大学 経済学研究科 招へい研究員、2013年4月 熊本県立大学総合管理学部 講師、現在に至る。

安浪　小夜子（やすなみ　さよこ）　専門分野：看護学（看護管理、看護教育）、専門職連携・協働
　　　　　　2010年 熊本県立大学 アドミニストレーション研究科 博士前期課程修了。修士（アドミニストレーション）。職歴：国立病院機構（看護師、看護師長を経て病院副看護部長、附属看護学校教育主事）。2011年4月 活水女子大学 看護学部 准教授、2012年4月 熊本県立大学 総合管理学部 准教授、現在に至る。

山西　佑季（やまにし　ゆうき）　専門分野：会計学（財務会計）
　　　　　　2010年3月 名古屋大学大学院 経済学研究科 博士後期課程修了。博士（経済学）。2010年4月 熊本県立大学 総合管理学部 講師、2014年4月 同准教授、現在に至る。

熊本県立大学ブックレット 3

熊本地震と震災復興

2017 年 3 月 30 日　発行

発　行	公立大学法人熊本県立大学
	〒862-8502　熊本市東区月出 3 丁目 1 番 100 号
	TEL 096（383）2929〈代表〉
制　作	熊日出版（熊日サービス開発株式会社 出版部）
発　売	〒860-0823　熊本市中央区世安町 172
	TEL 096（361）3274
装　丁	西畑美希
印　刷	シモダ印刷株式会社

©Prefectural University of Kumamoto 2017 Printed in Japan
ISBN978-4-908313-19-6 C0030